U0115571

清宫大内侍卫

口述实录

富察建功 著

团结出版社

图书在版编目（CIP）数据

　　清宫大内侍卫口述实录 / 富察建功著. -- 北京：
团结出版社，2019.3
　　ISBN 978-7-5126-6633-7

　　Ⅰ．①清… Ⅱ．①富… Ⅲ．①宫廷－史料－中国－清
代 Ⅳ．①K249.06

　　中国版本图书馆CIP数据核字(2018)第214772号

出　版：团结出版社
　　　　（北京市东城区东皇城根南街84号　邮编：100006）
电　话：(010) 65228880　65244790 （出版社）
　　　　(010) 65238766　85113874　65133603（发行部）
　　　　(010) 65133603（邮购）
网　址：http://www.tjpress.com
E-mail：zb65244790@vip.163.com
　　　　fx65133603@163.com（发行部邮购）
经　销：全国新华书店
印　装：三河腾飞印务有限公司

开　本：170mm×240mm　　　16开
印　张：11.75
字　数：182千字
印　数：5045
版　次：2019年3月　第1版
印　次：2019年3月　第1次印刷

书　号：978-7-5126-6633-7
定　价：39.80元

序

口述历史，被赋予了神圣的使命与社会功能，已成为现今的觉醒，它让全身的每一个细胞说话，来重塑整体。

然而历史是狡黠的，它往往用很多汹涌的波涛声东击西，混淆我们的视听，用以隐藏长流的溪水，而那些溪水，才是历史的经脉。

也许每位亲历者在历史中是细微的，但不积跬步，无以至千里；不积小流，无以至江海，他们汇聚起来的力量，委实不可估量。

本书为最后两代紫禁城侍卫口述亲身经历、所见所闻，由口述者后人记录并整理。他们于禁卫生涯中目睹了清末宫廷生活的林林总总，以及经历了辛酉政变、庚子拳变、八国联军入侵、清帝退位等重大历史事件。正因为此，可谓他们见证了一个家族的煊赫与蜕变、一个时代的兴盛与消亡；更见证了一段风云变幻、文化冲突与融合的晚清史。

本书作者富察建功，祖上为镶蓝旗富察氏。作者幼时武习家传武学，而此种武学便是源自满族传统的格斗术——布库。布库是以其特有的擒抱扭拉为主的一种摔跤术，融合了满汉民族武术精华。

此种格斗术，传自于作者家族的先祖，亦为本书两位主要口述人——两代乾清门侍卫富察·阿巴力翰与富察·多尔济父子。除布库外，作者亦学习了家族独有的武术——富察枪（棍）。

本书上部的口述人富察·阿巴力翰，是作者的太姥爷，出身于镶蓝旗富察氏族，族中曾有孝贤纯皇后之父李荣保和傅恒、福康安等清史上煊赫一时的人物。当时的富察氏已不若当年的辉煌，富察·阿巴力翰也只是清代皇帝亲军善扑营的一名摔跤手，却在偶然的情况下结识了晚清历史上的重要人物——恭亲王奕訢，并且参与了"辛酉政变"，因此功而成了宫廷禁卫中最为荣耀的乾清门侍卫。

中部的口述人富察·多尔济，是富察·阿巴力翰的长子，因身处时代交替，他的经历更为丰富、复杂。少时承父荫被选拔递补为宫廷侍卫，在其禁卫生涯中目睹了清末宫廷生活的林林总总、光怪陆离，尤其是晚清皇室的逸闻秘事。更是在风云变幻的晚清，亲身经历了庚子拳变、八国联军入侵、清帝退位等一系列重大的历史事件。末代皇帝溥仪在其回忆录《我的前半生》中提到执着于复国的"旗人多济"便是此人。

下部的口述人多尔奎、多尔增为多尔济的二弟、三弟，书中记述了他们在东便门之战中与入侵的联军遭遇，拼死抵抗后逃出京城，最后溃逃至西安，遇到了骇人的黑客店与真实的食人事件。当时他们对家国的担忧与对前路的迷茫之情，不禁溢于言表。

作者的姥姥、姥爷的弟弟（三姥爷）李多增（富察·多尔增）等祖辈，向作者忆述了这样一段家族史与一桩桩陈年往事。

口述历史，现今已成为人类历史不可或缺的一部分，它承载着口述者的记忆，承担着还原历史的使命，是一座最可宝贵的信息之库。

目 录 CONTENTS

下部　富察·多尔济、富察·多尔奎、富察·多尔增三兄弟的忆述

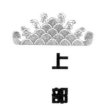

上部

富察·阿巴力翰的忆述

国若没一个甲子时辰，难得强大富甲

——奕䜣

富察·阿巴力翰简介

富察·阿巴力翰，作者的太姥爷，出身于镶蓝旗满洲世家。十六岁参加咸丰皇帝的『秋操』，被擢拔进善扑营做武师。凭借布库戏法，从低等武师升至三等、二等、一等、特等武师，并亲身参与恭亲王率领的『祺祥政变』建勋，遂荣升为清宫中最为荣耀的二等乾清门侍卫。因病早退后，仍在香山健锐营挂职衔做武师，并由其长子富察·多尔济承荫做乾清门侍卫。

首话　京师祭亡灵

咸丰十年（1860年），夏秋之际，我进善扑营近三年，已成为头等武师。当时的太平军起事已久，而渤海上的多国联军，乘虚而来……而早些时，在禁苑（圆明园）就近，还曾见到我朝蒙古骑兵，浩浩荡荡从蒙古兵营集结，其军伍装束多为色彩斑斓，倍显出威风凛然与不可一世，人马皆是雄壮武威。瞅到如此猛悍的铁骑，再配以号角及鼓声隆隆，我曾为此骄傲了多日。但随后的消息，却一直不利我朝。联军乘虚而入后，僧格林沁忽胜忽败，后再率蒙古骑兵与英法联军屡战不顺，只好于京东八里桥再与其决战……

联军逼近京师。咸丰爷突然秋狝热河，却只调我营百十人去随扈。当时我正在光着板儿脊梁，在东营中攀比评等，手里还抓着个对头。一听此信，便带着一身的汗臭味儿，只抓起火铳等家什，撒开腿便跟着格尔达跑出营门。连被汗水浸透的汗褂儿，也没来得及更换，便赶忙上马。我营奉上令，先为避其联军锋芒，即刻护卫各旗营老弱病残，急转往西山暂避。因消息闭塞，都急调至香山大营后，始终不知英法联军动向与沙场局势如何。

正因是糊里糊涂在此待命，左、右俩格尔达，才大发牢骚说，因联军铳炮过于凌锐，致使我朝总败，而将来我营这些个"花架子"，不过是"前踢下巴颏儿，后弹屁股蛋儿"的踢腿本事。反正早晚都得散摊子，滚蛋走人。而祖宗的老规矩是，只有在沙场上杀敌多，才能证明你是真正的"巴图鲁"。他还屡屡妄测，弄不好我善扑营的诸类殊遇，保不齐又要被先锋营、鸟枪营或其他新营夺了去。压根这露脸儿的事，从太祖爷那儿就偏疼偏爱这些个营。

您比方说，我高宗皇上听从了能征善战、被旗人说成是"满洲岳飞"——福康安①的遗禀，建了能攀崖涉高的健锐营翼。而该营的薪俸极丰，连小兵犊子都超过了别营翼同等旗兵饷银。

他见我傻愣愣听着便问我道："知道什么是虎枪营吗？

见他问，我也只能装傻充愣道："鸟铳上画着老虎？吓洋人的？我只知阿虎枪……"

右格尔达伯恩阿来了疯劲儿："傻小子，连这都不懂。给我记好喽，那是从成吉思汗那传下来的，专拿老虎练兵的长枪营。那枪尖儿不大，却锋锐无比，上刻小楷虎头篆书'虎枪'二字，是一水儿白蜡杆子做料，枪脖子为防被野兽咬掉，还特意地拉了根儿牛筋皮条……"

不久，僧帅因惨败于八里桥，遂被咸丰爷罢黜帅印。我阿玛与他阿哥也因在德外阻击英法军队而受了重伤。事后，尽管僧王派人给家里送来银两、布匹及矮种蒙古马，但额娘眼睛却悬一悬哭瞎。虽看过不少郎中，但依旧是雀盲热痈的满眼犯花。最惨的是，阿叔西去，窝克（婶）也气绝哭殁。

仅在同治初年，阿玛的前兄后弟哥儿仨，也随僧帅到豫地征战。但不幸中计被围。在乱枪箭簇里，虽然没同僧帅一块儿归天成佛，却也只剩下了一条胳膊。当时的沙场过于险恶，没吃没喝地打了三天死仗，完全打昏了脑袋。实在饿得不成时，连自家人的肉也要去啃食。而从来是笑着杀敌的僧帅，最终被乱箭射伤。落马后本能保生，但一个村野小子，贪图他身上玉璧、朝珠和宝石烟坠儿，毫不客气地一刀取了他性命，还捎带脚带走了僧王的脑袋。阿玛为追僧王被砍下的脑袋，虽也遭埋伏，但只丢掉一只胳膊……只看我这一家，便见到了京城旗人的境况。旗人全体皆兵的结果，就是家家殁人不断。

要说我这身功夫，该算是好样的布库戏法武师，更算是少年得志。仅

---

① 福康安，富察氏，字瑶林，号敬斋，历授正白旗满洲都统，吉林及盛京将军，四川、陕甘、云贵总督。乾隆四十九年（1784）进封嘉勇侯，转任户、吏二部尚书，协办大学士。林爽文之乱起，台湾南北大扰，五十二年诏以福康安为大将军，领参赞大臣海兰察督师讨之。十月师至鹿仔港，先驰檄招徕，谕令归庄者无罪。十一月四日令海兰察攻八卦山，敌众奔溃。五日令舒亮统兵扬言先攻，以牵制之。翌日亲率大兵长驱援嘉义，大兵顺入嘉义，围解。继破斗六门，林爽文败逃之，逐之小半天，擒缚之。移师而南，复凤山……

水陆并进，擒之，余党悉平。台湾既平，福康安疏请募熟番，补屯丁，肃邮政，并陈善后诸事，要在习戎事，清吏治，悉从之；旋授闽浙总督。嘉庆元年（1796）卒于云贵总督任内，谥文襄，命加郡王衔，从傅恒配祀太庙。

——清史稿

凭一手骑射，在善扑营即是位列前端，常得上"等"评语。过去额娘说我只有力气，个子大不了哪儿去。但后来又说，我长起个子来，是那一年吃黑羊羔肉吃的。记得（咸丰末年），口外的蒙古大甸子，满世界下骆驼绒没胸大雪，直昏天黑地的。被冻死的绵羊与骆驼皆拉至京城堆成座座小山。怎么吃也吃不完，把我给撑得常是打嗝儿放屁都只是羊屎球味道。遇到这会儿，哪的厨师最吃香受宠？保准是八旗镶黄回营的弟兄。

历来骁勇善战的回营军伍，一到节日，便很快被统领拆散，遂被一一请到旗民家中做大厨。他们连烧带烤的，熬炒咕嘟炖的都是羊肉。而做成的羊血肠、羊腊肠、羊暴肠和加工过的前、后羊腿，挂满了家家宅院，一进院中就能闻见羊肉与孜然味道。

我长个头正是在那一年。一回帮本旗拉送粮俸时，甭管谁见到我都会说："啊？才一十五岁？天哪——你得单请裁缝啦！这得多费布俸啊！"在帮忙抬搬粮食时，尽管我身子是奇瘦无比，但扛起麻包粮袋来，近二百斤的物件会"刷"地飞到肩膀上，谁见后都会吃惊赞叹。其实，我那只是在帮闲，哪儿懂得这根本不用我去动手卸车？

镶蓝旗与另外七个旗一样，素依方位群居，旗营在京城西南一带。每当正月二十春起，或七月二十这几日，都会由各旗的佐领，安排专送粮俸的骡马大车，挨家来送应用之物。常是有等不耐烦的旗民，自愿帮忙卸车。但我发觉，同是旗人家，待看出富有与贫困之后，渐渐便有了隔阂。富的便开始欺人有而笑人无。而那些单独索居的，多是爵高称府的拜堂阿。而光凭各旗下豢养的数不清的奴才们，自然什么都不必操心。

当见到我也帮着卸车时，常有旗人以为我是"包衣"。因包衣奴才通常与"夸兰达"或"啊哈""苏拉"（满语，均指最低等的奴才）等混同在一起。而在乱糟糟的旗人堆里，除了内务府直辖的包衣，敢在旗人中显贵之外，谁也不能在旗人堆里，从表面分出什么"包一包二"的。再说，我使气力不过是举手之劳，对习武之人来讲，抬抬搬搬的不该算什么。我个头过高，在人堆子里，总得低头看别人，最后便落了这个谁都笑话我的"水蛇子腰""大虾米背"等外号。的确，谁见过我一次，总会过目不忘，尽管都还叫不出我名讳。

咸丰年间，皆因为连年的征战杀伐，不管满蒙汉军人，都不断殁于与太平军的征战之中。我旗人中的成年男子，不断地减少。眼看着头几年，那些日子本过得还红火的旗民家，随着家里人战殁后，都塌了半个天，日子开始艰难万端起来。比方说，毗邻的正红旗下佐领苏尔哈清，职务从做千户长始，因为军功昭著，好不容易高就到副提督。只可惜，却在太平军破城的抵抗中，战殁做了鬼雄，撇下一妻二妾，及上头的长者，但膝下却无一子，从此便落得家道中落，境遇无以挽回。阿玛说，旗人就是为打仗而生的，想去打仗不要紧，家中还得留有苗在。

由于英法联军的猖獗肆虐，皇上移宫热河后，便一住不归。旨命和硕恭亲王奕䜣，在京遂成立各国事务总理衙门，对英、法主议"和事"。经我朝在禁苑南街缔结和约，并赔偿巨银后，战事止。而禁苑的天大劫难——火焚，却是在恭亲王与联军议和之后的一场想不到的劫难。

所以，英法联军给我旗人的印象是，恃强凌弱，无信义可言，这也是我朝该着的人祸。而后，联军不断撤至天津大沽口。因东安门外，铁线儿局的总理衙门尚未缮结，便只好将临时"议和"衙门暂设在京西海淀镇东，因恭亲王身边急缺人手，不得不求助于右格尔达伯恩阿，望派几个善扑营的旗兄，到早已空了多时的海淀镇中的"小军机处"衙门值守，并佐以随扈，以重振天朝威严。这事自然便落在我们几个熟悉王爷的人身上。次日我备好马鞍，牵马刚要动身，左格尔达苏里山突然拦我说："这回您就别去了。"

"怎么着？有新差啊？"对他的阻拦我大为不满。我虽然年纪尚小，但近日随王多日，恭亲王可是数次夸奖我"义士之身心，满洲之倚望"。

从我开始鼓捣牛皮口袋，至少已有十一二年。净知道布库戏法的诸多神通了，但时间一长，总归单调无趣，因我算刚识得天与地，内心正疯着呢，谁愿总在一个地方猫着？总琢磨着能出去闯闯看看，不然，不怕谁笑话，我连京城到底有多大，也只能凭别人去白话，还真没骑着马转悠过。再说，做个满洲布库武师，尽管开始时很如意，但哪有那些率千百兵马的将佐校尉强？好歹还有荣立勋功的时机呢。更甭说海淀"小军机衙门"离我家也近。单凭那雍正年间所建南北走向的大街，四面青砖素瓦房，极净洁，也很是古究，更令人神往了。虽离禁苑咫尺，但英法联军还没来得及祸害这里，这儿肃静啊。

胡同在把口有个堆兵拨子，却已没了往日的热闹。往里走是稀稀拉拉的摊市，皆是做新鲜果菜的贩子，来往的旗民少之再少。而原来若路过此处时，远远便会听到，来此兜售的贩子们，你唤一口菜鲜，我吆喝几声果香，好不热闹。过去来这儿玩，常见贩子间总因争抢生意吵闹撕扯。有一次还见俩卖西瓜的干起架来，等我上前一劝阻，俩人却都说是逗着玩呢。结果刚走开，俩人又接着干起来，倒是感觉有趣。难怪京人都道说"凡商怕官"，看来，商家是被官给挤对怕了。

我愿意去小军机衙门的缘故还有，在其后院，有一处宽阔能跑马练功的场子。其后则是禁苑（圆明园）的包衣护军营，也有我不少熟人。一旦来此地，我可随意出入，分明有了随意回家的机会。再就是，这里常会聚集禁苑护军或侍卫，喜好布库戏法的武师与护院把式。作为武行人来说，若想功夫炉火纯青，就必须要交往这些蒙古、回、汉武师。借此机会，我还打算将武术串进布库中去。而来自草原甸子上，那些骄傲的蒙古布库名手，进京小住以后，以失败教训或成事经验论道，归纳出一句话使所有的练家子极推崇乐道"武术串跤，越串越高""内功加套路，出手胜布库"。只要是苦练得当，定会达到"黄瓜架子两扇门，关开自是善扑人"。说到底，我还是要强。

左格尔达苏里山，见我噘着嘴迟疑，便道："我寻思着，我要是去……"这使我猛然想起来，他萨里甘（满语：正妻）就住镇内。得，既然人家张了口，那我就该容让，他毕竟整日应酬公事难得离身，只是想要个方便。而我家又远不到哪儿去，还是该谦让尊长，特别是对多年照顾我有加的苏里山翼长，先与其方便才对。

结果，我俩最后谁也没去了。缘故是恭亲王将随侍改成了健锐营人，说西使不喜欢善扑营人的野蛮无度。闻听后，甫说恭亲王生气，连格尔达苏里山也跟这事较起劲来。我倒是暗自寻思，哼，敢情洋鬼子，还是怕拼命的。

英法联军撤后不久，各旗营所饲养的马匹，不断染疫烂蹄。有时骑着马正赶路时，也不知怎么回事，马便会猛然一头栽倒，一命呜呼。为此，各旗营又摊派出人，成天赶修各处的马神庙，烧香祭拜马神，还得将尚未染疫的马匹，与疫马分离开来，并将疫马赶到南口一带的山里去散养，凭其自我求生去了。旗人对于病马，最舍不得杀戮，也只有将病马赶到远处。而已死殁之马，是从来要认真地去埋葬，同立碑位。马是旗人的"牟乎里阿玛"（会飞的父亲），完事之后，我们又匆匆地赶将回来，收拾如同烂摊子一样的北京城。还好，位于报子胡同内的西营，并未遭火焚，却是被列强糟践得一塌糊涂。

那块康熙爷御题的"敕建善扑营"牌匾，与御题"膂凭斗牛"的烫金殿匾，早被联军劈了当作柴烧，还剩下几片残迹。在宽敞的善扑营的营院内，遍地都是没脖儿的蒿草。青砖缝儿里，挤出的密麻麻的苦苦菜，正蓬勃生发。房上瓦片子也被飞火（流弹）炸乱。最可恨的是，营内已繁衍成群的大耗子，竟狂獗得到处乱窜，个头大的像小狸猫。我们忙放了几十把鼠夹，又抱了老猫来，耗子这才渐少。等出门再看那座有名的当街庙——旃檀寺的脊瓦，也被杂草顶破了天……借故，我顺便悄悄看了一眼，坐落于石虎胡同的富察老府院。还好，并未被联军摧毁，这也就免去了我玛发（爷爷）的担心。而东安门内的富察祠堂，倒是平安无事，我忙赶去上了几炷香。

再看东营（隆福寺北）就更糟糕啦。码放在门厅的康熙爷御用的"牛皮口袋、搅棒及石锁"等镇殿宝贝皆被损毁得稀烂。联军用这儿做了几月的马厩，弄得满地是星星点点的陈旧粪便。尚还活着的门子，一听联军要来这儿驻兵，他当时就逃了。门子说，其实，英法联军内大多都是从印加那边雇来的人，只有那些个蓝眼高鼻梁的白人，才能够主事当家。待其他人立军功后，才能成为主下之主，并会奖励给他儿个奴才。这和我朝施行的"勋者抬旗"，几乎是异曲同工。

当年圣祖康熙爷，广尊汉将，不拘一格地提拔汉军八旗，还下旨对汉官的自称改成"臣"，成就了"满汉一体"。既然与联军有一样之长处，那么我朝这仗又败在哪儿了呢？最为痛惜的是，联军将在南苑海子打到的驯鹿、老虎、黑熊、单峰毛骆驼、仙鹤等珍奇异兽，运至东营剥皮并烹煮。他们大多不识货，甚至撇掉了稀罕的鹿角、鹿茸及虎骨熊掌，而只知道吃肉解馋。他们常金银锡铜不分，并将所见到的铜门、铜缸尽情打碎，全当成宝贝疙瘩，小心翼翼地装进麻袋里，源源不断地拉到大直沽，经洋船运回他国去。

东营正殿地下与庑房的铺上，也到处是烂洋靯鞡（鞋靴）与臭裹脚布，看来他们还不懂什么叫袜子。在当院被砍倒的葡萄架与丁香树下，还长出了一丛丛的狗尿苔。我们满营院四处踅摸，已找不到康熙爷当年御提的斗方大字"武贯紫薇"匾额，更甭说那些镇殿的赤金匣子、雍正爷御赐给善扑营的镶玉宝刀、包金盔甲了。寻遍院落，却没找到哪怕是一盏可盛水的瓢碗。营中所有的锡铜镀金器皿，估摸着也被洋兵当作金银包圆儿卷走。营中唯剩下几口被打出璺（裂纹）来的大铁锅，若不是点火烧水，还真不知锅已被打漏。营人一边归置院子，一边一口一个"王八蛋"地骂着。见洋兵都没见过一面，又能和谁去拼命？明知到不了他们的洋枪跟前，便会完蛋成全了自个。皆言可怕的洋枪炮，真要灭我朝于无路啊。

英法联军是撤走了，但我朝最难应付的还有太平军。

待拾掇完了东、西二营，左、右格尔达遂引领我们开始祭拜"营祖①"。

"营祖"是谁？外人多不详知。"营祖"是画于善扑营正殿内迎面墙上的，一位半赤膊的胖武士——也叫"营神"或"布库佛爷"。

传说营祖原本住在蒙古草甸子，他受神的指派，悟造出相扑与厄鲁特及布库戏法。他的长相与蒙古都统衙门供奉的蒙古大力神近似，但模样可没那么富态雍容，他不过是多穿了一件酷似彩色褡裢的赤膊武士，即为造出布库戏法的老祖宗。

一日我自言自语道："这个家伙也不多穿点……"谁料竟被个爱扎针儿的营兄禀告了格尔达伯恩阿。他立刻便气哼哼地赶来对我言道："那你就该给营祖穿上衣裳，什么？穿不上？那你只有陪祖宗跪一天吧。"得，算我嘴欠，该着倒霉，这天，我便光着脊梁跪在营祖面前，冻了一早晌……而还没等罚完我呢，便由另一个小子顶了我的罪过。他也是因为瞎扯了一句话，他曾说："营祖若换上个猪头，一定比《西游记》里八戒还好看。"他跪的地方很艰难，被放了一片带棱尖的豆石……

即便旗兵官佐，虽曾叱咤本翼，但当一进得善扑营的门，至营中做

---

① 不仅是作为皇家翼营的善扑营祭拜营祖——营神，清朝军队所有的营翼，都有自己的祭祀日与不同的营祖。比如健锐营，开始祭拜的是福康安，后来又改了。炮甲也要继嗣炮神、火药神。鸟枪营要祭拜铳神。诸如此类的营神，当时是遍营都是。既要烧香又要燃表，三至五页，必不能少。打仗前拜关公，退兵拜"千里神"，等等。

"它西密"（指见习武官）自会变得地位极其低下。得等到他在善扑营磨砺成佛时，便算是镀了金皮儿，回去后，多会一翅飞天。

凡有善扑营履历的满、蒙古、汉、回军官，皆被看作是曾经出自皇家武科的将才，多为重用提擢。常会见到有荣封的武官回营宴请格尔达，自然旗兄们也不免沾沾光。或被请吃喝，或被以厚礼相赠。而遇这样的好事既有面子，又令人爽快。而我被格尔达看好的缘故，就是那次来自左宗棠麾下的几个"芝麻盐儿"的小官。因是汉人，便被营人看作是些没用的家伙，从来对他们是"上不是鼻子，下不是脸"的，再加上这几位原本是"螳螂拳"的弟子，更是谁都不愿留这几个"它西密"。但拘于左大帅的面子，格尔达只好将他们放在我身边作陪衬。

我倒是好办，不过是叫他们更随意一些。尽管知道这几位总归有很好的武功底子，但还是专为此请教了阿玛。阿玛道："人家是南方客，别总吓唬人家，还是要以礼待之。"于是，我更改了格尔答原来的教法，和他们几个商量着来。这几位见我以礼对之，便渐渐放下戒心，开始了他们认为可行的办法，就是低下头与其他的"它西密"不断地较量。结果没一个月，他们已是屡战不败时，才开始与我一试。当他们与我比试接连倒地之后，才算是真正服气了。开始问我，为什么会倒？见达了目的，我就给他们开讲缘故。于是随着几人兴致，我也开始教他们站桩、踢桩、抢杠子等，再掺上戏法变化。几个月后，几人便在所有的"它西密"中拔节出到三等。这个结果，令我全营人大呼怪异："你怎么就成了呢？"

怎么就成了？问谁呀？

人家是战将，本就很厉害，而天下武功又都是相通的。你们老挤对人家，那谁还有心思学？点拨将与点拨兵它能一样吗？

为祭拜营祖，右格尔达伯恩阿吩咐，将西营内被洋兵打破的铁香炉，用泥堆凑起来，以凑成"三贡"。燃着藏香后，大家便随他叩头祭拜起来。每年我们都会在立秋时节祭祀"营祖"——"布库佛爷"。传说若没此位"营祖"的庇护保佑，我圣祖康熙爷，也就不会有生擒佞臣鳌拜的武力神功，更不会在此敕设皇家的善扑营盘，同样也不会将该营翼延亘至今。

只见左、右格尔达在前面，屈身俯卧，五体投地，我们便在其身后听命学舌。祭祀文是半满半汉，间杂蒙古语。其大意是：

捧五心而敬畏，诚致布库营祖，您高贵骁武并长生于不老天上，凭借不殁草原之神灵，与布库、大力众杰穹赐戏法如无敌虎贲，往猎扑真由，曾通祚万年万事基根，靠天功神脊，缘起始万代马踏不息，毋宁贱身处何境地，皆会天佑发达，尤为我女贞后裔永不言北……有虎狼必不让隼鹰之勇，若山林中蠢危塔……不挠不屈，献身尽忠……尔永弥信奉，善扑以虎为荣……终必统万国之滨……

格尔达唱念至此，边燃香焚表，边涕泪交织，往后已泣不成文……我们多人在其身后，也开始随之饮泣。而往后读下去，是再也听不真切了。在已然破败的香炉前，所有跪拜营人等，即发出一片号啕大哭……我营在禁苑做武师的多位旗兄，皆下落不卜。……朝廷内外皆败成一塌糊涂。而这惨败即是家国之耻啊……大恸过后，旗兄们心里有说不出的别扭劲。过好半天后，伯恩阿红着眼睛突然问营人："为何要死人呢？依我说，就是因没有怕死的。"

第二天，我营被内务府分派去整理被烧毁的静宜园。然后便歇营暂息。此时内城已开始重整街面宅屋，城外民夫也开始进城做活，我善扑营也到了需再挑选新"扑户"的时候。历来，我满、蒙古、汉各八旗，招揽新丁后，还要靠我营授艺传技，以充实旗兵的膂力与技勇。

咸丰末年，我朝已历经十几年的战乱，八旗各翼是老弱伤残甚多，大都成了空头营牌。而在我东、西二营中，别说没有一口能做饭的铁锅、盛水瓦缸，就连歇息的铺板，也没一块完整的，更甭说毡褥被子了。简直就是"狼嘴吐出的物事——除渣子没别的了"。家国从未有过如此颓丧。而我旗人也都对战争深怀恐惧，这来源于屡战屡败，以致旗兵一蹶不振。曾被称作天朝精锐的八蒙铁骑，现在只剩下僧帅、胜保等几个光杆儿统帅。因左、右格尔达烦恼无比，所以便命营人换着休歇几天，但谁也不想出门，或去逛集市。而一旦走出营门，即刻会感到，在京城大街上唯一缺少的便是男人。

听阿玛念叨：数万洋兵直下通州，令蒙古铁骑近至全军覆没败北蒙羞。八里桥河道已被蒙古旗兵的尸首堵塞并淹了大田。那一阵儿我住在黄庄，在夜间常闻听禁苑附近的蒙古兵营里面，光蒙古寡妇的哭声，便足足是呜咽了好几个月。所见到的亡夫女眷皆将包头布换成白丝巾，既显凄凉无比又显十足之悲哀，令我们总难忍观瞻，哪怕是一会儿。

再连同祭奠"征剿"太平军而亡的数万旗兵家眷，总在不断到处焚烧冥币、纸船纸马等冥器，及亡人的衣物、靰鞡、床铺等。使得禁苑周围是烟蒸云遮，白昼等同黑夜。京城西北常笼罩在一片恐惧当中。但见大街小巷处处是白幡林立，人人皆披麻戴孝。待到七月的鬼节给所有战殁者送纸钱时，更烧得京西北一个天昏地暗，乌云滚滚，见不着日月，超过了禁苑当时着火的惨况。

而我们随同我朝安排的近百架骡马大车去京东收尸，也因天热尸腐，无法仔细归敛。只好先将尸身暂盖浮土，尸车空去空回。河上漂的战殁英灵尸首，只好令渔夫协理打捞，命农夫就地掩埋，致使京东方、西北方向坟圈子暴增，无主野坟遍地皆是。因整日跑路收尸，致使我八旗各个营翼皆惊恐不堪。

自蒙古铁骑全军覆没后，八蒙各旗王公，再也不敢把蒙古骑兵，完全交给我朝了。本来男丁就稀少的蒙古草原，不仅把子弟兵断送在大清京师，还无奈留下他们的下一代。尽管朝廷将他们封妻荫子，但那些混血的孩珠子，多成了汉军后代，几乎无人再惦记或探望蒙古草原。而在几十年后，真正返回蒙古兵营的蒙古后代，不过才数以千计。昔日辉煌的蒙古兵营已有名无实，而同样的满洲男丁也大为减少。阿玛说，总打仗，便总会殁人。而生得哪有亡得快？

再后来，我们各家收拾完自己的房屋后，再由营盘的"值年旗"（房管局）派人挨家挨户查验，也好拨银理赔。万幸的是，我家靠阿玛辛苦忙碌多年攒下的银两，总算在同治元年元旦前，搬进还没全风干墙壁的新宅。多亏占地早，院子比原来的更大。

咸丰末年秋后，四野闹灾，灾民似潮水般涌向京师。正赶上工部整修被联军损坏的皇城庙宇及民宅，能干活的便都留在了九门城外的工棚。工部指令是，只给吃食不给工钱，晚上也不能进内城。眼见着京城刚刚安稳下来，这时捻军又打到冀豫鲁一带。

可惜多年来我朝数万精锐，已灰飞烟灭，只好大量招募娃娃军（练军）

应对。尽管我过去曾主动与格尔达请缨参仗，颇具"初生牛犊子——不畏虎"的劲头。但打从太平军起事开始，家中老人多是期盼我平安有余，不去打仗。但实情是，甭管朝廷是换了多少位将相参佐，仍不断败在太平军手下。最后，直到朝廷颁旨，点头赞同李鸿章招用洋将洋兵来打太平军。这回可是连人世间最厉害的杀人家什都用上了，可见国家形势的恶劣严重。而阿玛却说，还是平安最好，若善扑营这样的皇家御营，也要天天参仗，那我朝岂不是真的完蛋啦？

二话　荣进紫光阁

位于京师香山大营北山坳，不仅有数不过来的大片营盘，在西北角处，还有处专供我善扑营驻扎并尽兴练"活儿"的地方。但凡天下的绝好武功，也许都是在最单调、最无趣中成就。如搬起石头砸石头，周而复始无数次，累了歇歇再来，以此来代替耍弄石锁、石匣、石豆、石瓜、石铃等一类的练力器械。我营中对待"扑户"的银俸，大多参照武官的品等发放。待腊月祭灶时，能够进到西苑紫光阁的演武厅内去揪、捏、拿、摞毯子、走花、耍武、使技的，必得是八旗满蒙世家，方能面见圣上与八蒙王公。一旦功夫可"捏""拿"了，即到了布库戏法的极境，方得以展现己之所学、所用、所成。而正月十九的"圆九"，还要当皇上面，多少比试露点真本事。

因还需在三节和秋操演场上大展布库的风采，我们就必得到各旗营翼，去示露布库戏法的高深无敌，以供足冬至去西苑演武的人选。甭论是何等品，若进善扑营习技学艺，都一概看作第末等，称之为"它西密"，即"听喝的候等儿"。雍正朝之前，时常有皇子来此习武、练功或比试。但未露身份时，武师自是实摔实教。一旦露贵胄身份，武师便会心有余悸，不敢再教。谁能说得好，明儿个哪位爷能登大宝？若摔了皇上，那还得了？岂不是自讨苦吃？

而为何雍正爷选定乾隆爷接班？旗人中有一说辞，便是对高宗皇上（乾隆）谦谨的夸赞。在乾隆爷登宝之前，出门从不露太子身份，对谁都是谦然有礼，只一味发愤练功习武。而其练得最好的倒不是布库戏法，反倒是将"六合"与"形意"都掺在了一块儿。和别人比画时，往往会将对手吓得目瞪口呆。就连颇有资历的武师，竟也玩味不出这到底是什么功夫，其实底子还是布库戏法。

"圆九"常被民间误说成"燕九"，那是其孤陋寡闻。这是在历年正月十九，我皇家御营——善扑营，荣进紫光阁揪捏毯子的日子，是新年元旦后，我皇在本载最后一次对蒙古王公的盛大赐宴。"圆九"的说法，与旧历年节的"九九加一九，耕牛遍地走"取意近似，既是满洲又是蒙古的吉日良辰。它泛指此时日，在冰封雪冻的草原上，该是牛羊换草场的关键时刻。因南方的草原已发芽，需早将牛羊赶离旧处，也好免瘟疫。所以，它与汉语近似，也叫它做"远走"——而牛羊的旅途则永远是要走的，而无论怎么在远走，仍离不开蒙古草原，自会走成一个能够画成圆的"途径"，自然称"圆九"嘛。王公在第二天，必须早早离开京城。这也是紫禁城萨满师傅露面的吉日。

当日寅时过后，我善扑营人早身披斗篷，着"圆九"朝服盛装，早早骑马先于他人而达。当进得西苑内，先要"抢着"拜紫光阁内的"永武"石碑，这是第一件必做的事。谁能抢在头几名，便会有"武运"在身，也会记录在案。在紫光阁大殿正中，卧有我高宗皇上御制石碑一统。此碑同禁城内箭亭旁的碑一模一样，称"国语骑射"碑，也叫"永武"碑。而后人则称它是——"下马必亡碑"。碑的阴阳两面，都镌刻着高宗十七年的谕旨。

上刻："诸戎求世德，宝训揭鸿文。"鉴于入关以后，八旗子弟日尚浮华，喜文厌武。为继承骑射传统，乾隆爷在谕旨中告诫："我后世子孙，庶咸知满洲旧制，敬谨遵循，学习骑射，娴熟国语，敦崇淳朴，屏去浮华，毋或稍有怠惰。"为时刻提醒满洲人，不忘国语骑射的根本。乾隆十七年，还在紫禁城箭亭、御园引见楼、侍卫校场和八旗各校场，再立"训守冠服骑射碑"。碑上镌刻了先祖皇太极保持满洲国本的训令："俾我后世子孙臣庶咸知满洲旧制，敬谨遵循，学习骑射，娴熟国语，敦崇淳朴，屏去浮华。"而至紫光阁的最大规矩，同禁城内的箭亭一般，无论皇帝、亲王等文武百官，必须在碑前下马躬身行双安礼。这里自会站有纠劾百官的黄马褂侍卫督视。

然后，再一并列队焚香上表。为祭拜先烈，必攀登紫光阁楼依次瞻仰我满洲近百位功臣谱。在阁楼之上，陈列有乾隆爷钦定的二百余幅英雄谱图。大清的武士名将，在此被世代瞻仰。我尤以为荣的，首位即是乾隆朝的第一英雄傅恒——即我富察家的老祖宗。而最令举国敬仰的还有：福灵安、福隆安、福康安、福长安等。其中以福康安等多幅挂像最为瞩目——其还有一幅郡王朝服挂像，昭然在目。以其"虽殁尤荣"追封至郡王时，也誉予推恩给了先祖傅恒，同为皇室外姓郡王。乾隆爷并在皇陵赐予富察家上三辈墓地福祉，喻之将来在阴世，也要君臣同携。这是生在满洲富察氏人的最高殊誉，几百年间稀世罕见，也绝无仅有。

听阿玛说，这本是富察家世世代代的殊荣。

而当年先祖福康安亲率军伍多次南征北战，当新恙引旧伤发作，在沙场一病不起时，仍在想忠君尽责。在乾隆爷切待他回归时，却见到了由将佐们抬回来的"萱草之帅"的肩舆。因高宗皇上尚不知福康安已殉国殁身。其还在仔细地聆听沙场上的战况及如何得胜凯旋，特别是全神贯注在那张以供"御览"之图上。图上福康安请旨讲我朝该如何增强健锐营盘，并有其绘制的"碉楼"之作。正当乾隆爷还在笑话说"我甥侄如何将丹青绘得一塌糊涂，快叫他觐见时"，递给他图的几个将佐，不约而同呼啦啦全跪在地上，谁也不敢吭声了。

开头乾隆爷还在纳闷儿，但即刻便醒过闷儿来，不禁高声训斥："主帅归天，你等回来有何用处？"再等他见到福康安带血迹的金盔与补服时，他更急了："人在哪儿呢？我要看看他！"年至高龄的高宗，这会儿是什么也不顾了，当即命御驾"忠公府"宅，上轿时竟然磕磕绊绊，因龙泪纵横而伸手四顾茫然。尽管被御前大臣拦阻前往，但倔强至极的乾隆爷早完全不顾了一切，这且不提。最令人揪心的是高宗一下轿，便呜呜地泣出声来，使得公府上下一干人等，即便是见君不拜的姑奶奶，也被这意外吓得无不趴地而行大礼，皇上带头哭泣，更使得富察在场族人号啕声如雷——

那次乾隆爷是停一会儿泣一会儿，直到入殓时见到殁人还哭，并呼喊小名"三福儿"。因这"富察四安"中的"福"字皆为赐封。当见到福康安身上的多处沙场旧创时，他再哭了一回，当御前一官阻拦，叫他不要去拉亡人的手时，乾隆爷大怒起来，非要牵"三福儿"手。高宗道："不是龙子胜似龙子啊。"——直到现在，富察家人也会念叨说："不知嘉庆爷是否也听到了这句。"而若真听到了也是富察家的不幸。古话说："君王若妒，天下无路。"

果真不假。高宗刚殡天西去，嘉庆爷即铲除墨官和珅[①]，并在赐和珅白绫自尽时，旨命福长安跪地"陪殁"。嘉庆爷的此种做法，迅速殃及我富察勋族，至使百官落井下石，复一再清算福康安与福长安。将福长安贬去守陵看坟，再令其披甲于军中，这也成为富察家永远的耻辱。虽说后来重新给福长安扶上都统宝座，但这位先祖却因从未捡回来胆魂，在镶黄旗都统位子上终日战战兢兢，还是很快殁了。倒是我富察大族，最念及嘉庆爷手下留情的恩泽。

当嘉庆爷经多次派众员一再弹压无果时，已过去了十几年，遂才发觉朝中百官，多因妒富察家族而都在比着落井下石，他这才想明白，再不能使富察家再陷深渊。最终没有像对和珅一样，通没忠公府（福康安亡后，被皇上追封郡王，后推恩至傅恒，忠公府遂改名叫忠郡王府）家产，好歹给了富察家庭一个未陷全族覆灭的台阶。使得生在人，尚存薄面于世，苟且存于军伍。但终是降旗的除籍的，几乎将全部生在人丁（指活着的人），去除于镶黄旗外。所以，这也是我家这一支在皇帝与个别大臣的"无尽清算"中，被"请出"镶黄旗，摈弃至镶蓝旗的缘故。

骤变突然也更使富察家的大多人，实无法想通。好在最终从福长安身上，总算捞回些半透的薄面。待嘉庆爷猛醒，觉得天下已失国之栋梁时，富察已树枯无荫，道光爷也无法挽回前朝之莽撞，只好一再引领大臣拜谒

---

① 和珅（1750—1799），曾名善保，字致斋，钮祜禄氏，满洲正红旗二甲喇人。曾兼任多职，封一等忠襄公，任首席大学士、领班军机大臣，兼管吏部、户部、刑部、理藩院、户部三库，还兼任翰林院掌院学士、《四库全书》总裁官、领侍卫内大臣、步军统领等要职，为乾隆皇上宠信。他还是皇上的亲家翁，其子丰绅殷德被指定为皇上最宠爱的十公主之额驸。后被嘉庆皇帝列多条罪状赐死。而旨命福康安的四弟——福长安跪地陪绑，看着和珅用白绫自决。从此，富察家族一蹶不振。

富察宗祠。忠公府也再度重缮而延续至今……

历年"圆九"赐宴蒙古王公，也是大清皇室的一次最高昭武观摩。因咸丰爷龙殡，现已破例，改由两宫皇太后携幼圣——同治小爷，由议政王恭亲王率众王公大臣，在紫光阁前代皇上给蒙古诸王公赐宴。在蒙弦及胡琴、芦笙、金磬的和韵中，蒙古王公们常边喝御酒，边兴致勃勃地观看我们成双打对子撂跤、扔石锁飚石猴，演练弓弦、马术及刀枪器械等。直到披金挂彩均着吉服的蒙古王公们酒有醉意时，都不时摇头摆尾地跑出赐座，追着赏胜者一杯御酿，用以助兴。若是真喝美了，再跳起来鹞鹰子舞，非与我们比试身手。

"圆九"进宫，我们可以对任何人都免行大礼。在旗人中，还有一种人，最受特别优待，那便是旗家尚未出阁的姑奶奶。旗人家姑奶奶见皇上都不行大礼，那是因为，谁知哪位姑奶奶，明儿个一抹胭粉擦脸儿，就成何等品别的嫔妃，会身份如天，所以早当该敬。而姑奶奶的脾气，捯根儿说是家里惯的，从满洲历朝历代的祖宗那，早就习惯而成。因大清是以女为尊，全指望姑奶奶给传宗接代呢不是？绝不会像旧明那样，将自己的姑奶奶全"惯"成了"小脚"，这不是糟践自家人，又是什么？

对"圆九"盛典，老旗人编过顺口溜："善扑营，戏法殊，万岁爷看，蒙王公睐，瞅准了机会必胜出，不招侍卫做提督。"我们倒是想将所学武艺，完全教授给八旗兵勇。无奈的是，往往没人能想起来，我们也是军伍之人。而眼下这一败涂地，旗营都将我们看成是比画花架子、似唱戏的武把子，多是敬而远之，或只盯咬营人的薪俸。可咸丰爷从来是将我们当骁勇猛将。而历来随扈的营人，从未给皇上丢过人。热河秋狝时，本想叫我全营随扈，但时局骤变，使咸丰爷的扈从大军，挤占了一概战马急匆匆离京，使我营余部不得不退守香山待命。

香山营地扩建于乾隆年间。自乾隆爷此建立了一支能攀高打仗的劲旅——健锐营后，便常备不怠，应对万变。而当时还建了一支以各藩土民为主的军伍。此伍营能征善战，败绩罕有，大名鼎鼎。

香山东北向后山，是旗营粮库及马厩、羊栏、牛舍、猪圈所在。后山又是演练火铳、弓弦的靶地。周围是荆棘满坡的老林，总有群狼老虎、土豹子、狐狸出没，更有数不过来的狍子、兔子、山鸡等野物。而最西南端的静宜、静明二园就近还有旗营豢养的骡马、奶牛等家畜。除猪羊早晚都是被就近旗兵吃进肚里的活干粮外，豢喂的骆驼、马、骡，皆被分成兵民两用，不管勤人懒人蠢人笨人，都吃得着饱饭，是自给自足。在英法联军来前，在这的旗民，甭管京师多乱，常能高枕无忧。

也许还未进山，便会被旗营沿途放哨人发现。这地方极像八旗满洲关外老家的"兵民一体"。稍有风吹草摇，山上的鹿哨便由放牛包衣即刻吹响，那尖啸的笛鸣，会令大伙儿比兔子消失得还快，抬腿进山没了踪影儿。再几声哨响，会很快回来。那会儿是草木皆兵，听见哨子就颠儿，常自嘲是已被联军惊了"真魂"。

香山周边是古树森天，又灌丛茂密。各类野物借助山林险恶，常和人作对。有时狼群还联合围咬圈内牛、羊和猪，甚至老狼用嘴叼住家猪耳朵，用尾巴当鞭子，轰赶着遁进深山，再破肚开膛"聚餐"。时不时还有半路漏网、溜达回来的省亲"探圈"的家猪。

营医药爷——乌赖巴尔就曾捉到过一只怀了一肚子野猪香火的母猪，并与旗民换了两只肥羊，宰了吃肉。但没些许日子，那只生仔后的母猪，却又抛下一圈野猪崽子只身"私奔"，估摸又去找公野猪去了。这叫那个旗民"赔本钱赚了吆喝"，便吵上门来，哭穷喊苦的，弄得老乌反赔了一大坛热河烈酒。

三话　咱的恭亲王

亲身参与宫变，使我与恭亲王结下了天大的缘分。这也是我该着的露本事。如捕老公时，养心门的侍卫倒是瞎了眼睛，拔刀便砍向恭亲王，多亏被我"抢步"近身抬刀拦截，王爷多少是受了点儿惊吓。而"抢步"却是我营人演练的独招，是专为随扈皇上出行演练的，贵在一个"抢"字，即有"抢先""抢路""抢步""抢扈"等意思，以保我皇上之万安金躯。但在恭亲王头上使的那刀法，实在是来自武行中，最没招数而反倒是最被推崇的"生抗"，是将刀生生地迎砍过去，若手臂功力不足，绝扛不住。这是角力，是以硬碰硬。常在对练时将钢刀撞得火星四冒，或双刀粉碎。若刚才刀碎，对恭亲王仍会是伤及。于是我将气全都撒在对手身上。但可惜那两对侍卫，竟是草包四条，被我几人狠狠按在地上。

"废物蛋！非叫你俩去宁古塔开石头不可，巴拉都，你特愿意去啊？"受到惊吓原本很为恼怒的恭亲王，一见是醇王的人，也只好示意我，放开脚下踩着一人的手腕子。因这刀差点伤着王，弄得我挺恨这俩侍卫。

"恭王爷，您老说叫我在此试巴试巴的……"那个叫巴拉都的，单腿跪而央求着申辩。

"你把这几个奴才都给我提拉出来！算你立功。"恭亲王将写有人名的纸条递过去。

"不劳您动手，里面的——"他吆喝着老公管家。只听得"嗻"的一声，宫殿管事老公匆匆赶出来，对照纸条，挨个召唤人出来。见我要动手，醇郡王拦住我忙道："巴拉都，归你啦。"巴拉都一听，便道声"嗻"起身，他又像刚才一样昂首凸怀，对着依次出来的老公道："你们这些个被点到名的臭奴才听好喽，现在，先跪下——后面呢，都跪好了啊——掌嘴，在心里开始骂自个儿是'王八蛋！'——再掌嘴——往地上磕头，要使劲磕——一二三……五十……够啦——都排好一队，再解下裤腰带，后面的人，要套好前面人的脖子，不要活扣，也别给谁勒弯回去……没裤带？那你揪住辫子，敢撒手，我拿绳子单个地牵你！"

有个老公不大买账："主子，奴才有罪过吗？"巴拉都一听，即刻照那问话老公身上连踹几脚！"你还敢扫听！告诉你！'老虎食盆里敢伸脖儿的鸭子——你也敢嘴硬'，你也配？'买棺材饶一个——你有后可装吗？'"见巴拉都前后判若两人，恭、醇俩王爷皆开心地大笑起来："把人都凑齐喽，一起送这些个奴才去慎行司，接着拿人吧。"于是，挺胸凸怀昂首的巴拉都，引领我们撒腿又奔了储秀宫、长春宫等宫殿。等翻回来时，已被巴拉都用裤带溜溜串起来好大一串的老公，足有四五十个……看到犯事老公被巴拉都摆弄来摆弄去的，像戏台上的小丑一般，实觉是滑稽好笑。别看老公在内廷神气活现的，但从来不被旗人看做是人。这原本是老掉牙的话茬，在我朝历代如此。比对着旧明的老公满天下，现在禁宫及王府内执事总人数等于旧明时的几十分之一，比原来少得多。但在禁城内各个角落，仍能处处看见老公。巴拉都将人押送至西华门外慎行司，或关至皇城西的草岚子。不够死罪的，尽发配至远疆充役做奴，多被加上一句，"遇赦不赦，永世为奴"。

捕拿老公不费吹灰之力，无人敢叫板拒捕，他们是要多规矩有多规矩。我心想，这也许就是说书人常讲的那句"秀才遇见兵，有理说不清"吧。在这则是"老公遇见兵，有理难说清"。

巴拉都本是醇郡王府邸低品侍卫，是早安排好的眼线。由于做内线有功，他既得赏银，还升了差事。先是抬旗进蒙古正白旗，还封爵三品安达哈哈番（轻车都尉）。到了庚子，其已升为二品武官。而向导杉木阿待恭亲王头回下野后，便被醇郡王换到新军内做署参领。

于外人看来，自是羡慕老公的一身蟒袍着装打扮，这并非说他们有什么本领与长处，而是因其身后，从来就有着不一般的主子。即便是作奸犯科，若非大过失，挨一两下打还凑合，但谁也不敢张嘴就骂，这便是内廷的最大规矩，也叫"打狗不骂狗"，若骂了出格儿的言语，便真如同捅了马蜂窝，谁知小老公的干老是谁？是哪一位老公爹或是哪一位管家？效力在哪座宫门内？此宫主子又是谁？正所谓打狗还需看主人，所以对老公，乱骂不得。若是像崔玉贵那样，是王的干赘儿，哪个敢找死骂他呢？"钢不好，但也锛刀不是？"

谁也不想与这些不全乎的人较劲儿，"本就是棵无根茅，何必再去顶柴烧？……"不知这是出自哪个识文断字的老公之口。此"名句"，在内廷流传过好一阵子，几乎大小老公，都张口即来。因其连送新郎官的机会都没有，连慎行司也轻易不会再给他们第二刀，遇死罪还要给根绳子自缢，最厉害时，也不过是用高粱纸闷着、被洗脚水沁着归西。但总不会殁在禁城内，甭管是谁，也不敢在禁城内施以极刑。

这就难怪在背后管他们叫"老公"。老公，原本是大南方的叫法，指的是年老无后的"作废"男人。因旧明老公矫旨作乱，忤逆朝纲，祸害天下，所以老公极不招人待见。两百多年来，坤宁宫前一直挂着康熙爷严禁太监问政的铁牌子，光治老公的律条便有十大类。但哪朝哪代，老公没坏过事情？还坏的全是国家大事！看巴拉都那一脚接着一脚连踢带打，即可看出来，尽管不会砍他们头，但也绝不会客气发落。

天近晌午，醇王已去了结他事。恭亲王也许有些劳累，用手弹弹并未染尘的紫貂坎肩，重又正正戴在头上的顶戴。隆宗门侍卫随手送上把机凳，他撩衣坐下对我道："小子，出手不凡呀，痛快又解气！——知道本王最佩服咱大清朝的谁吗？"不等回答，他接着道："就是那位博多勒噶台王，蒙古王公——僧格林沁！别看他战败而殁，我照样佩服他！谁那儿有烟叶儿？"见有人递过烟叶儿，恭亲王继而又道："王最不佩服的，还是他。他整个是满额的愣头青！捅出多大的娄子？上意难度啊。"恭亲王还佩服崇琦大人，说他是满洲人的典首。僧王究竟长什么样儿，我只听乌赖巴尔说道过，他既是朝中极少的三眼花翎顶戴之一，还是唯一被赐予使用紫红马缰的亲王大帅。但我却从未有机会见到过这位世袭的科尔沁亲王——我朝唯一戳得住的军帅。据说他布库戏法玩得很厉害，但当着恭亲王，我还真没胆量说"不见得如何"。其实，穿上褡裢，便就是"沙场上的对手——生死平辈儿"，在我这个年岁要是有怕的话，那还算什么旗人呢？

而至于恭亲王说的崇琦大人，便是他下棋的绝佳对手，王可是无论怎么"白布局"（围棋对弈法则），却从未赢过崇绮大人。崇绮是我朝唯一的首位蒙古籍旗人状元，钦点大学士，是破"满不点元"朝律的文曲。其身为国丈与国舅，不仅满汉语言通透，且人品谦仁淳厚。他姓阿鲁特氏，旗籍抬至满洲镶黄。提起该大人出身，是曾过受死贬，又复得殊誉恩宠的前朝大学士——赛尚阿之子。其妹即恭肃皇妃，女儿即孝哲毅皇后，姑侄同侍同治爷。

提起崇绮受的苦，就好比是"麻绳子拴豆腐——甭提了"。早年，因被指贻误战机，致使咸丰爷将其父赛尚阿革职，于木笼囚车解京，遂定斩监候。后籍没所有家产，除籍并待斩首。崇绮也受其父赛尚阿牵连，革去工部主事衔，被关押数月，并降籍做披甲的苦差事，大头旗兵一干就是多年。尝尽被贬之辱。在无路可寻时，他虽身在披甲地，但顶星星披月亮的，与汉人一样的寒窗发愤并科考。磨砺多年寒窗之苦后，终被金殿传胪，成了同治三年进士及状元。此次文曲夺魁，曾惊动了我大清朝野，誉满满蒙八旗，叫旗人无不伸大拇哥夸赞。后以女为贵，荣封三等承恩公，光绪年间历任吏部、礼部尚书，与徐桐同为大阿哥师傅。不能不说，崇琦大人是旗人的骄傲。

眼下，我几个又在恭王撺掇下，再次在禁城内抽起"宽心"烟来。那地方我记得是在隆宗门之外。南北向长路上还有精铜制框的带罩子路灯，这灯与景运门外相对的路灯一模一样丝毫不差。恭王边吸烟边指灯道："这灯是古董，是当年有人借此状告墨官和珅被查没的东西，我府上也有，这还得念和中堂好呢。""嗯。"我几个一同点头，其实，谁也未曾看见过恭王府内什么路灯。但在亲王面前，还该"但说好话，莫问前程"才是。当晚抓得肃顺后，只是暂住恭府下房。

风云变幻，旧去新来。眼下我已在乾清门为侍多日，令我感到荣耀的便是由御前大臣——醇郡王奕譞颁发黄马褂。这特意赏发的黄马褂，已不仅是明黄一体的一件，还另有一件，但样子却有些各色。此褂是在前胸不仅有精巧刺绣的青色前襟，还缀有青色的前扣袢，并在两胸绣有一对淡蓝色隐龙。方头绿鞘侍卫腰刀把上也挂了明红赤色流苏，连脚上皮靰鞡的两侧，也绣有小蛇般活物，冬帽为黑色海龙绒。补服、吉服、朝服都由内府裁缝量制，竟然也是金线绣得飞龙方补子，透着皇室亲兵的尊贵劲儿。而朝服的补子由杏黄色四方亮白做底，上刺绣一金鳞棕龙，腰带处左右各绣一条草龙，相对中心而卧，全身则祥云围绕，所有的大襟、马蹄袖口及底边依然是青色。

而乾清门侍卫的腰牌，就更与他档侍卫不同，是为精铜板镏金，前刻满蒙汉凹字"同治元年乾清门内侍"，背后镶一条青玉团蟒。而那一条串起腰牌的银链子，就足够我们端详半日的，好不飒亮。最显贵身份的，正是那一条颤悠悠的顶翎。这顶上闪绿光的羽翎，只有在乾清门的皇室亲军才能够是每顶一枝，同是身份尊贵的象征。

全新的行头，令我喜不自禁，而这兴奋与新鲜劲儿，常使我手足无措。对眼前所发生的一切，从未细致料想过。当夜在值庐内铺上，翻来覆去地难以入睡，最后只好端坐在铺上，专等吃夜宵。别人也成了夜游神，有的竟张罗去顶替别人坐夜。

后来归家后额娘见了言道："黑的自是咱大清国色，这倒是'虽不是凤子龙孙，但也算是国戚皇亲'，难怪喊亲兵呢，还是家里人的好。"

当领旨谢恩时，我们竟然不懂向皇太后谢恩与向皇上谢恩该行的大礼到底有什么区别，而叩拜时，多数人却只顾抱着一摞朝、吉、补服看了，均无法做得妥帖。边叩首心里边还在想，以后这头许是再也离不开磕了。恭亲王当然是喜气盈盈的，等传旨的老公离开时，他突然把我叫至乾清门值庐一旁问："巴力翰，你回王话，你翼营里有吃烟土的吗？……就是阿芙乐尔膏之类东西？"我猛然想起，右格尔达伯恩阿早就吸食了，所以便愣了下道："嚒……有——但没来。"心里可说，您可别再往下问了，这卖人的事我还不想赶上，哪怕是只做一次。

我旗人都明白得很。国多年外辱不断，皆因以英国为首的他国比着倾销鸦片于国，这才战端总现。恭亲王是怕我们将此败孽之隐带至内庭，而他则是丝毫也不沾此物的。他还说过："毒民自是毒国。人都完蛋了，哪还有什么国？"

紫禁城内的侍卫共分多类。景运门侍卫府有守护内廷至外朝的一干重责。而众侍中的乾清门侍卫，是禁城内侍中的最高也是最显贵之等品，等同御前侍卫的尊贵。凡乾清门侍卫出城为官，从来都是至少要晋升三等。而等同于御前侍卫。御前侍卫对皇上须是寸步不离，以至每时即刻皆要随扈圣躬，从沐浴到更衣，或餐膳或"奉恭"（如厕），十二个时辰都在皇上身边。而在过去，侍卫一向可直接顶替御前大臣临时之缺，代以向下发号旨令。绝非今日这般，只把守门户，站岗验牌查讯，且随时都要验查景运门内各门户及门外宁寿宫等各列门在岗人员。而值班侍卫大臣，不过是当班值守门户的总头。

乾清门侍卫同御前侍卫一样，从不受景运门当班大臣指派，而只遵从御前侍卫大臣的安排，也常同御前侍卫一道出行。从咸丰爷往前的历朝皇上，都有众多数量的乾清门侍卫。

但自"祺祥"以来，因同治爷尚年少，倒是省了出门随扈事宜。而对于太后嫔妃们的出行，却是由于皇宫的"侍卫不扈从女嫔"的规矩，轻易不用侍卫随扈，只有一群宫女与老公跟随。在修缮好颐和园后，皇太后才总算是走出了宫门。若不是她，其他嫔妃也许会永远被"圈禁"在禁内。

皇太后除用老公贴侍之外，御前侍卫便成了有名无实的摆设，便自行裁撤，唯留下全职的乾清门侍卫站守内廷。有急事时，便随时调几个侍卫去"充做"御前侍卫即可。这会从乾清门侍卫中任选几人。

我刚开始执事时，就住乾清门前的东、西值庐内。随时听候御前大臣的指派。如：朔日在西，望日在东。近半月一次更迭，时不时再加班增差，比起宫殿，值庐虽低矮了许多，但比起隔壁军机处的办公值庐，却要宽余多倍。

自进内廷为侍，万事都感到新鲜无比。能看到的门户个个都有讲究，先要熟悉透门诀，如："隆宗朝觐景门开，左门紧闭右门开，禁地严饬乾清最，放目不让过三台"，这已是将各门户的要用及该开该关，说得很明白了。但我们还是忙不过来，一天都如上了弦的西洋钟一般，无法得暇。我们还要经常出宫门行差。先要轮番不断地骑马下旗营，监理训练各旗营的"它西密"。而有了更多的"它西密"之后，自然便扩大了善扑营的人头，一旦遇有随扈皇上的差事，不会拉不出人来。老侍卫都说，善扑营与侍卫的关系就是，"宜兄宜弟，两头通气，随王伴驾，亲兄戚弟"。我们忙我们的烦琐闲碎，但最辛苦的还是军机处的大人们，总还是忙忙碌碌的，常个个熬得双目通红，对南方的太平军费尽心机。太平军称"天国"，继续与我朝"分庭抗礼"，一再越过长江攻占我北南大营。且形势日益严重。常年与其争夺拉锯的战事，使我满洲兵员不免损兵折将，导致兵员极是缺乏。怎么去填补，也是难以即刻补充上。

虽说换了这显贵的新差事，自是知足，但却不情愿永远只黏在这圣地禁邸的内廷，每天只做一样的事由。而我营被留下的旗兄，都乐意借口恭邸尚未备齐戈什哈（满语，清代高级官员的侍从护卫即武弁，简称"戈代"，总督，巡抚、将军、都统、提督、总兵比属下均设有此职）为由，最是乐意走出宫门"随扈"恭亲王，起码能四处透透风，观观景儿。

每次随恭亲王与洋公使会面后，都有一个惯例，必须要同当日跟随的侍卫们聚在一处喝一次小酒解乏。在酒案上，他会做两件事：先是拉着我们一起扯开了嗓子骂一会儿大街。记得某一日，恭亲王遇到了多年不断蚕食我朝疆土的沙俄公使后，恭亲王用流利有余的俄语，嘀里嘟噜地骂他们是早晚要被"上帝惩罚的家伙们"。而诅咒他们是恭亲王非常乐意干的事情，他会一一罗列从顺治爷那开始，沙俄罗刹对国土的不断觊觎，最后竟达到鲸吞的地步，他还骂沙俄兵是"熊心狗肺"。再一个习惯便是：他会请个耍八角鼓的"角"唱上一段，这说明他一定是遇到了哪位顺眼的洋朋友。他道："我朝一定要学会交洋朋友，满天下都是为敌的人，总归是不好。"

待安南"中法龃龉"（意见不合）前后，李鸿章便撺掇工部，再次修缮禁苑南门内正大光明殿及其他殿堂水榭时，围着别有洞天的"活画舫"的石雕舫船的外路，专修了能走西洋火车的轨路后，内廷才在慢慢修整的部分禁苑内，重新又恢复加派护军。

当年我在去菜市口监斩肃顺时，回来走得急，因出了一身的透汗，再加之第一次奉旨监斩，遇见得全是难理解之事，以致偶遇风寒卧榻不起。额娘却只信雍和宫打鬼的喇嘛，开出不少的藏药服下后，才算驱走了我身上的"鬼"。还在病中时，我便从探望的旗邻那闻听，说肃顺被斩之后，各旗营都闹出乱子来。不知谁在京城内外的旗营中，还放了几把火。但好在头几天的一场雨雪，总算是没祸及大片旗营。

事后，即有不少旗兵被缉拿审问。和我同长大的几个旗兄弟，也因肃顺的该死该活争执不休，乃年轻气盛，相互动手干仗至伤人挂花，被督捕司一一缉拿的。争执起因是对肃顺是否该死而相互间不让口舌，甚至动刀动铳。结果，未等我身子好利落，便受了我阿玛的"托委"，要替我的发小儿们去求情分，说其不过是因受传言蛊惑而瞎胡闹腾罢了，与肃顺之流并非一事。

于是，借着休歇我骑马来至恭亲王府邸，经阿斯门报门子（旧时于官衙中侍候官员的差役）后，还没等我来得及数清武架上的阿虎枪等兵器，便很快见到恭亲王出迎。他先是一愣，问明来意后言道："把那几人姓甚名谁告诉我吧。"

我说："门子为何不要奴才给的银子呢？"

恭亲王听后呵呵大笑道："你以为天下的王侯门吏，都敢要'跑腿儿花费吗'？那他的薪俸又该给谁呢？本王不招人待见的地方就在这儿，七王（奕谖）也是一样。连大清国都是咱家的，何必去贪图什么物事呢。"随后他安排王府笔帖式（文书），记下了一干人名讳。五天之后，杉木阿将话带至在内廷执事的我，他道："有旨颁下来，一切有关肃顺案的争执，皆不属八佞臣等一概案犯。只要叩头悔过并谢恩，均系开释类，督捕司也不再追究。"
看来这是亲王主了公道。开释时，杉木阿叫约我们，一同前往城西。看着
从督捕司牢内，走出的一个个发小儿，恭亲王在银顶轿上打开轿帘问："都
谁是镶蓝的小兔崽子啊？"

众旗兄一听，都有点发怵，谁也不敢搭腔，心说，面前是当今的议政
亲王，是和《三国》刘皇叔一样的身份，可别是"才出虎穴，又进狼窝"。

站于轿旁的督捕司典仪差官，立即大声申饬这一群还在边走边打愣的
旗兵道："恭亲王爷问你们话呢？"众人不得不停下脚步来，立即齐刷刷地
请安纳礼。只见恭亲王从轿内露出半个脸笑着说道："小崽子们，都给本王
听好啦，你等对社稷大事都是狗屁不通，吃饱了撑的，没事往这儿跑？每
人要扣薪俸，来顶替伤人毁物的过失，听见没有？"他说完话不等谁答，便
命几个轿夫快步赶路了。大家见这么快便被开释归营，早忘了其他的散官
狱吏还在身边贼着，便都惊喜万分地蹦了起来，当即将我和杉木阿扑倒在
地，不仅叠起了罗汉，还起哄架秧子地喊着"哦——"

荣进内廷重地后，眼见着时令转暖，真还不知在禁内，这头一个夏天
该怎么过，先是连大小解都找不到地方。平日里要是拉个稀屎跑个油肚的，
当然就更摸不着头脑。皆因为那恭桶总是在更换地方。果然，是"黄鼠狼
偏咬病鸭子"。有一次，遇见个既多事又不实诚的当班大臣，故弄玄虚而坑
苦了我们。这位大臣补服上缠绕满身的花蟒补图，是头戴亮蓝顶子的从二
品官员。那日，他拎着一袋子吃食送来，只道了声"举口香！每人有份啊"
便走了。

我们一见是色美味儿纯的饴糖，便很快一抢而光。没等谁让，就经嘴
大人"恩准"全填进了肚子。没一会儿，我们几人便觉小腹下坠的滋味，
实是难过不已。而景运门侍卫处的恭桶，也着实太少，架不住大伙儿都来
凑热闹，刚坐完恭桶又别扭，自然还要再坐。不瞒谁说，几百人闹肚，再
加上旗人没有穿紧身裤衩的习惯，大都"方便"在了灯笼裤腿里。这罪孽，
可真是好受喽。很快，该大臣便被我们异口同声地"奏"了本。其实，那
一天都争着蹲坐恭桶的事，早惊动了进宫的醇王奕譞。当所有侍卫跑去抢
夺恭桶那会儿，内廷的一切门户，几乎全唱了"空城计"。当时挤不上的，
也在捂肚子蹲着哼哈，搁谁谁不急？

此时那位大臣又溜达着走回来，没事人一样补了句："有随扈两宫的信儿再嚼啊——"

大伙不由得怒火中烧，恨不得臭揍他一顿才解气。都说，你早干吗来着？这不是事后诸葛亮嘛，这真是"哑巴买东西不给钱——揣着明白装糊涂"。

"空城计"这么一唱，这裤兜子里的寒碜事，自是人人皆知。新朝服新补褂，全成了点灯妈子洗衣盆内的秽物。醇郡王奕譞闻听此事，当即火冒三丈，黑了紫红的脸孔。围着这个家伙转了三圈儿，大有抽他一顿的意思。旋即调配该臣去外城做了"守城豁子（城门吏）"，来了个"虚升实降"。

后来"举口香"饴糖又经光禄寺多日的琢制，依然拗甜可口，也不乏醇香气味，这回谁也不敢再多吃一口。但我们都说，一见到这玩意儿，就会想起来这位整天琢磨早晚要做都统的大臣是"癞蛤蟆想要飞——不是那上天的料"。事后，甭管在哪儿，绝没人再拿它咔吧咔吧去嚼了，都学会小心翼翼地含在口里，剩下的干脆全等回家中，借口给长辈去"通便"。结果，反倒是没了效力。

假若现在，我还在善扑营内，就算是攀比着拉稀跑肚，也不会现此大眼。最起码每个院里，皆少不了茅房，白日夜里自是方便。但在禁城内，皇家未曾建一处茅房，都是以恭桶接大小解，桶内则放满过筛的草木炭灰，再喷以香料，既拔干又去味。待晚上时，各宫内皆有专置恭桶的地方。这包括在值庐内，于西南角也要接一小间隔板，放置蹲、坐二恭桶，以备我们出恭。最不方便的便是白昼，所有人都极不方便，哪怕是上朝的文武大员或皇亲国戚，皆会为出恭着急，而尿裤子的大有人在。但朝官们早知道端倪的，故随身常携带一段"洋肠泡"，平时从不怕尿急难耐。但一旦遇拉稀跑肚的，仍是难得随便。

唯香山营，最是随便，可到处小解，大解也有专用荆条围起来的露天茅房。我们管这叫"随风而便"，一星儿臭味也闻不着。此处总由翼营中伙头堆上几处灶火灰，后由苏拉归置。苏拉们多是汉军老弱或家眷，一份饷钱来自旗营内，另一份饷钱就来自卖大粪的收入。京城各营翼的苏拉头目，是随旗的"夸兰达"——后来的包衣。由其再招募旗外佃户，他们也就成了被招苏拉的爷。而奴才变成爷，倒是在我朝司空见惯。

　　京城出进的粪车①，一概是木制粪桶加塞楔的统一样式。只有进皇城或紫禁城内的大粪班车，才会在上边用大漆涂彩，就像木花盆一样被勾描得绿底棕骨，再画上大制钱与猪头或大棒骨的图形。每日于卯时前后，趁天黑儿进来"移恭"的骡马头上，都会被临时缠上紫白花色的绸带，用作记号。若外埠之人见到，绝不会认得这是拉大粪的专用骡马车。更想不到青天白日的，大粪车会走在京都内城最宽阔官道上。它后面往往又跟着尿车，再后面跟着的则是骡马拉的清洁路面的石灰大车，皆挂有各自的牌号。赶车把式都是汉军辖下的苏拉。不论拉粪车、尿车前的牲口，都是高骡子大马，个个配有洁净的粪兜。假若牲口在官道上尿了，驭手要即刻清扫，不然，再来时必被罚银。在官道上，再配以身背粪筐的苏拉，每日会清理多次。而喜爱花木的旗人，往往不等马粪被清理，便先下手归拢并清走喂养花木，谁家也少不了养闲花野草。老旗人喜怜花草，如同蒙古人爱草甸子一样，均为天性。大到树木，小到兰菊，无所不包，家家俱养。

　　九门内或皇城官道上，干净是干净，但唯独没有官建茅房——旗人称"官茅房"。往往行至半路有了麻烦，孩珠子好办，男人也好办，找个地方一钻一站。但轮到女辈，自会显得麻烦多事，自然出门是绝不敢喝水。

　　额娘说，咸丰初年，在举子胡同，曾有商贾为做善洁之举，意欲效仿西洋做法，开始建官茅房。而附近也因茅房的诞生不断洁净起来。此举也使得在京的买办生意人都认为是当朝所允，便追随着大兴土木"捐建"起几座茅房。还没等有人站进那华丽古雅的茅房排污解垢，便招致地方吏官没头的忌讳。这些宫吏采用苛刻的条令，叫捐建主儿打退堂鼓。吏官们还罗列出众多的税目，作为对此善举的要挟。但建主儿们自是乖巧，借坡下驴，最终因缴不起"淘""占""六味儿费"等，只好将茅房赠予官府。因送的又非好房子，反倒成了罪过，累至这些做好事的人还要受罚，很快，就不再有人押头建茅房了。

---

① 这种运大粪的骡马大车，在北京城一直使用。而用人力淘粪的情况，在北京也一直延续到20世纪末。而百年前，随着抽水马桶的逐渐推广，过去那坑式的厕所，已渐渐在城市的院落中消失。同样，老旧的四合院中，现在也开始使用现代抽水马桶。

　　自民国以来，京城的大粪车，便被地方的兵痞所控制。常因淘粪的地域或界限，使"粪霸们"相互间了利益所得，控制得极为苛刻。"一水一粪"曾是北京城内的水霸与粪霸之间专控对象。多有山东、河北一带的兵痞家属，或亲戚之间，联合京城本地的恶霸与势力，雇用了大批的逃荒农民。粪霸在京城内各踞一方，常因此聚众殴斗不止。

大粪自然是农家的宝，自该有它的去处。熟谙此行的苏拉们，总会将所有大粪集中，经晾晒制成粪干儿后再换制钱。除顺治门、哈德门、西直门之外，其他诸城外都有大粪坑。而最大粪坑是在阜成门外、安定门外、东直门外，远近的佃农都会来购买。农夫历来信"多一勺肥，便多一斗粮"之说。我翁库玛发（太爷）在世时，记得在香山下，所有麦场附近，总晾晒着臭烘烘的大粪干儿。旗人自家院里的茅房，要雇人淘粪并按例赏大子儿，有时还会多赏几枚。苏拉间为多挣散银，常会发生相互偷大粪的事，这自会引得相互殴斗不止。后包衣们便各霸本坊茅房，于是京城开始有了"粪霸"。粪霸若发起脾气来，自会令人发怵。几岁时，我在城西校场附近，就遇见过苏拉们殴斗，致使粪车破损。那可是一地的屎尿，一街的恶臭味儿。但最后对他们还得是笑脸相对，让他们赶紧收拾官道。真都给打跑了，谁给咱家里淘粪呢？

尽管是随同恭亲王、醇郡王等奉旨钦差大臣的外出较频繁，但我们总会叫新来的侍卫，去换值大家都值烦的差事。诸如四向宫门、后左、后右门、中左、右门及锡庆门、皇极、宁寿门等门户，可随意叫各什长支使他们。而后进宫侍卫的品等，并非众人想到的高品等，但薪俸仍坦坦得高于同品外朝在京官员，不支使他们还能支使谁？而新到的侍卫，往往因满足于禁内的吃喝与随意，绝不会因为受到过多的支使，敢大声说一句话。

吃什么呢？单就凭瓜果梨桃还不够，非得是千里之外的皇家品头，就是那数不清的"贡果"。据年头久的老公说，凡是连见都少见的"芒、蕉、槟、荔"等南果，他们自会在宫中见到，但别看"贡事"充足，奇香溢殿，可并不一定能够品尝。但在侍卫府值庐中一向是应有尽有，总同进到一个满眼香甜的果园一般。甭说吃，光闻香就够了……我倒是觉着，这香味与西洋女人的香水味儿实在有些近同。

四话　入宫长见识

每当早旭东出，老爷儿露脸儿，朝官们上朝的前后空当儿，若站在乾清门丹陛上往前平瞅，南面的保和殿就像是一个巨大的屏障，护住了内廷禁地。而保和殿后身御门，从来是紧闭不开的。据老侍卫说，那是自有我大清以来，更改了三大金殿用途的缘故。还有一个最大的寓意就是，旧明的国与家事，皆是混杂不堪，晚明更是裙带污浊，腐败成风，熏染了官场，最后也玷污了皇室的清明。所以，只有在逢万圣节与元旦时，才会大敞遥开地通风换气。而恭亲王却道："一殿之围，起码要站上一圈护军。若不开的话，又要省出来多少个侍卫呢？我朝最高亲军侍卫数字，绝不可超越995人，而旧明的锦衣卫，在此却有5000人之多，还不是由家国养着？"听后我们都明白了。不是不开，而是没用的时候，根本不需要开。

保和殿北门前的丹陛两旁，有三层汉白玉石栏的平台，被称作三台。正是于此三层平台上，旧明降将、反王吴三桂，在旧明朝的危难时刻，曾在此被崇祯帝封官挂印授"平西伯"爵，赐予蟒玉腰带和尚方宝剑。谁料想，几月后他却成为满洲的熏天功臣。不管是赏赐秦良玉还是吴三桂，都没救成崇祯皇帝，而老吴倒使他败得更快更惨。

之后，尚还年少的顺治爷与国王爷（多尔衮）诸王，也曾在此隆恩极赏，破格赏封"丧家之犬"吴氏为"平西王"。该封爵高过了崇祯皇帝的赏赐，在满洲是绝一无二，令在场的所有满洲大员，无不眼热与妒忌。赐予其镶美玉的金蟒腰带，及缀满宝石的蟒龙王袍一袭，银鞍铜镫与西域瑰宝——汗血宝马一骑，其赏赐皆属罕世物件，并任其遴选天下美女做福晋，还准予其自选封地一块。此等殊誉在明清两代，是闻所未闻，绝无仅有。但最后他还是反了。

老辈儿人都说吴三桂等同吕布一样，见色薄义。吕奉先是要美人貂蝉，而老吴却要的万里江山和八旗满洲人头！难怪后人说他不忠、不孝、不信、不仁、不义，是毫无廉耻的家伙。还厚脸皮打出"大周国"纛旗，觍脸做了几日"伪帝"后即暴毙，果然遭了天报。做人若反复无常的话，活着还不如死，这正是老天对他的报应。

甭看三台离乾清门只一箭之遥，却是禁中之禁地。当年旧明只许大员至协和门（太和门东门），便严禁再行一步。而之前乾隆爷在御门听政时，王大臣们却能在此安心等待。等我进宫时，已再无此等恩遇，由此说来，谁更圣明更仁慈宽厚呢？当然是我朝的圣祖皇帝。当年，康熙爷御驾亲征噶尔丹，因在草原染病，以至归宫调养，数天也未早朝。此时，便闻朝野谣言四起，说皇上早已晏驾。为此，满朝文武天天在此静候，个个抓耳挠腮，皆焦急万分。

终于有一日清晨早朝时，圣祖爷康熙，端坐在乾清门丹陛前的大宝上，这会儿，不管是从后左门走来，还是从隆宗、景运二门进来的朝官，来时还疑窦丛生，不知是否真能见驾面圣，猛抬头间，却见吾皇稳坐龙基之上，和蔼带笑地面对满朝文武百将，于是众人再也忍不住内心的惊喜，先呼啦啦跪地一片，均行大礼。不一会儿，便都情不自禁地行站起身，雀跃欢呼"万岁"。

待御前侍卫大臣高声挑剔说"你等见了皇上，为何跪后都站起来，竟还要跳跃起来"时，宽宏大度的圣祖爷却道："朕若不是大病初愈，也会和你们一样雀跃起来，还要与爱卿们一同欢歌步舞，诸臣都是咱大清社稷忠臣啊！托众卿的福，西北草原要平安二百年呀，朕若真的早升天了，也可闭上眼了，如今，该我先要问候诸位臣工了。"他竟躬身举起双手向大家行了"抱礼"。

此时更有言官直谏："皇上贵为天子，乃万金之躯，礼有些过了，还该说'朕'才是。"

不料康熙爷却高声道："我即是咱，咱即是朕，朕如此说，诸位爱卿是否要怪我呢？要是都笑出了声来，便是乐意听，也接受了礼了。"结果，下面又是大笑与欢呼声。此景即是，君臣和睦，欢聚一堂，难以话述。那天康熙爷在此调定新律，要免去我朝汉官见到满官时行大礼（跪下），只需抱拳为礼即可，对皇上还可称自己为"下官、微臣"。而满洲人仍要自称奴才。此后，更多的汉族文官武将不断涌现。我朝真正成了各族的统一朝国。

恭亲王现为当朝的议政王，兼军机大臣再代管内务府，一身百忙。所以不得不常在宫中走动。虽属天潢贵胄，但其身边却仍用原府待遇。今日早朝后，他进军机处办事。常跟随他的几个王府贴侍，其中即有我营旗兄达阿乌，都会来侍卫府歇脚。他总张罗看看我，并悄悄捎来些西洋纸烟，说是恭亲王的意思，我也毫不拿自己当外人收下，自是念王爷抬爱，心里也明白这其实也是他的心意。假若当初没我的保荐，达阿乌即没有今天的伴王事由。尽管他是个全技布库武师，可其致命的毛病是习惯于"抗上不尊"。连左、右格尔达，都说他该着受挤对。

历来，在我八旗所有营翼中，有一个不成文的土规矩：逢年过节，或是遇格尔达身边有局，一些紧追随的人，总会带头给格尔达纳银送礼。这包括格尔达本人的生辰、晚辈出庆，小到不知道谁的百日满月，大到八竿子人的婚丧嫁娶、放定出阁，再加之所有的干亲、连襟、担儿挑或是九竿子够着、够不着的，有关、无关的，总会叫大家没完没了地"凑份子"。说是自愿，但其实，早就将价码定出尺寸来，最低也得是民间高额，致使营人难以逃避，特别是汉军布库武师，因薪俸偏低，所以最被难为。

凡在这时，不论是一两、三两、五两或十两，两位格尔达却总会装傻充愣，或故作不知。即便在朝廷"嘉奖年赏"待发放时，他也会捂住不发。专等众营兄给他孝敬完了，他再挑人下菜碟儿，还依然会暗里"偷油滴子"，克扣散银或养廉银。

俩格尔达虽总是自相闹乍，常为营中的琐碎小事，争吵得面红耳赤，互不相让。但在这随份子上，却时"疆土金瓯，统一盟守"。头一年额娘给我盘算过，凑份子总计数足有近七十余次，是几两至几百制钱大子儿之间。也就是说，每年有近半年饷俸，流进格尔达之囊，或糟蹋，或送礼。而在其他营翼，此风也长盛不衰。阿玛老玛法及家人，虽对此极为不满，但仍认为，总还得硬头皮花。这是我朝独向旧明学来的。哎，倒真是学惯了旧朝迁腐了！

若突逢遇难逢灾的旗人家，好比说，家中刚在沙场殁了男人。甭说难凑份子，也许从此，就连生计势必也艰难起来。而阿乌家正是这样，他同时殁了阿玛、俩阿哥仨人，急疯了额娘，又急走了玛法、老太，光是发丧银子便借遍了族人。即便有抚恤贴补，仍还有幼子待育。若整天跟着凑份子，他哪里凑得出？再说他年纪尚轻，等品又狠压在二等，再加之俩格尔达，毫不客气地寻机克扣他。他真急了眼。

于是，急眼的达阿乌开始拒不再出钱一文。几回因格尔达"卖山音"（出言或明或晦，或曲径通幽，意在让人听其言，悟其言），当众挖苦寒碜他，都差些导致动起手来。他说，若旗人对待旗人也这样，我朝这是往死胡同里头走，难怪到处民不聊生，总有人扯旗儿反呢。若无恭亲王的硬性任用，俩格尔达岂肯放过他？在比武选侍卫时，左格尔达还一再告诫他，不要自讨没趣，还特别叮嘱我，不要顾碍亲王情面，须在裉节儿时准备出手，定要阻拦达阿乌伴王的寻思。

但达阿乌在营中的确是独一无二的身技，其招数凶狠并纯熟得手，定其二等过是俩格尔达经意作弊贬低他。可伯恩阿费尽心机的，尽管安排了几个人，皆被达阿乌三下五除二狠命地撂翻。在攸关时刻，我借"茅遁"提前躲了场。庆幸达阿乌懂得我是为他。为此，俩格尔达皆对我怒目横眉，甚至恭亲王也看出点儿眉目来。可我在营中友朋众多，好歹能压住他俩。

最后，恭亲王点将达阿乌，怕其作弊，经再试时，达阿乌果然接连不败，却故意输给我。这把俩格尔达气得要命，只好对恭亲王干赔笑脸。而恭王早已看出端倪时，便更看好达阿乌十分。他最后甩给俩格尔达一句："再动乌心思，王将您俩请至府中为侍如何？"顿时，俩人全傻了眼，以为恭王要免了他俩。便连忙紧又赔笑又递水烟道："咱不是舍不得嘛。"

恭亲王立时给了他一句："哈，本王可不会叫你俩攒份子啊。"王爷真是门儿清！

风波虽过，但也许是东宫的意思，没些时日，我便被调至銮仪卫做教首。因銮仪卫演地校场在禁外，倒也随便自在。我的差事是教给銮仪兵卫，如何使用刀枪棍棒。因耐不住性子教诲他人，常一时性起，将明晃晃的假矛模枪搓得稀巴烂。而銮仪卫的枪械是只能看不能用，是能看不能耍的废物点心，用仪仗兵的话说是"废物幌子"。

早听说銮仪卫这里皆是我朝勋臣之后代，且分兵卫与郎卫。但没几日我便发觉，他们多位纯属是雇来充数挣银子的冒牌货色。其实，谁也没听说过，究竟有哪位成器的功臣勋将，将嫡子亲弟送到这举纛打幡、端典册、捧卤簿御仪仗的。而到后来，承袭的僧帅孙子来此做大臣时，勋臣子弟才增多，并从我善扑营还调进若干郎卫，专接替耍中幡事宜。若说起銮仪前伍中，还算有几个身材健硕的。

大臣对我总笑呵呵地说：哪样物事皆国宝，都是大清社稷的颜面。这里有内务府拜堂阿中亲的、己的为最多，多是上三旗包衣后代凭亲情入得此门。虽说自愿学武的有不少人，但却无人排演他们。这回既是在宫外，又有练场。与其空练手脚，不如将活生生的真人变成活靶。我还疑心琢磨："莫非亲王发现我什么毛病啦？可我没犯忤的事啊？"

銮仪卫中有个指挥使，知道我与阿王（阿穆尔灵圭）相好，便客气有加，总摇头晃脑地说，这是我朝皇家之最高礼典用物，敢比万国稀贵，不可忽视，不可忽视啊。他管过几天南府戏班子升平署，对梨园行极有研嗜，喜聊京戏，能唱昆曲、吉剧，并会吹拉弹唱。只可惜，他的话对我是"泥佛爷拉曲——不过是经"，他说的行话，我一概不懂。但我的赏俸在我摔趴下不少人后，倒是一再增多。

没料到，说来凑巧，我富察家竟然与被砍头的肃顺有缘。转年正月二十，大骡车来家中送"粮俸"时，我这才从旗长辈那里得知八臣中的肃顺、载垣、端华等绝非汉家学士，他们不仅与我同属镶蓝旗，且没谁不知他俩还是道光爷的嫡孙。且肃顺的出身同为侍卫，早早被咸丰爷相中，才升官爵入主朝政。曾在前几年"修理"了谁也不敢动的贪赃满臣，这曾是举国震惊的大事。旗里长辈都叹息地说："满洲至贵，是彼黄带子杀此黄带子啊——"

后来，和肃顺当年杀的作弊大员一样，其遗骸最终被贬到"紫带子坟"——是不入宗室支的无主野坟。而存在的家中生人，腰带皆要系紫黑色。只随坟由所在的镶蓝旗下安排，这自然就难为了新统领牛录。谁能算得出，哪天某枝某叶，来个咸鱼翻白，突然主起国事来？自己会否受连累呢？于是，总称爷习惯的阿玛便上禀宗人府，献出了一个自认为是妥当的馊主意，叫"顺枝理旗"，生在哪旗甲下就归哪个牛录理埋。结果，事是这么办了，但镶蓝旗下的几十位牛录，但凡见了我阿玛的，没有一个不拿眼睛斜楞他的。

但阿玛不怵他们，还冲他们身后大声说："小子，你早晚得谢我，敢跟我直眉瞪眼的，找我挨个骂你们哪！他活着你们敢吗？"

　　果不其然，等阿玛殁时，他们该着受了一场虚惊。本不情愿给他送殡的牛录，没胆子忤逆镶蓝旗都统衙门的旗令，还得硬头皮吆唤本旗族人帮着发送走棺椁，在吹打上他仍还抠抠索索的，只可着半份额银两去花，好像我阿玛欠他银子似的。满洲够格的武官殁后，都要抬着棺椁远远地绕上一圈，但额娘早就对旗衙门禀告过，阿玛生前的凤愿，说要照着老辈儿八旗满洲的规矩，必须要向西拜西大神，再往北向着蒙古马的家乡转上一遭，用以强调旗人稀罕马怜爱马的秉性，做灵魂升天前后的最后一游。但当陵寝队伍走到京北双旗杆时，有几个蒙古武将，边喊边叫地骑马追赶上来。

　　当头一位身着正龙补服，一见灵牌上写的名讳，便飞快下马，跪在土路旁，叩头即拜。后面还跟着几个撒真钱的蒙古兵，只顾把制钱抛向空中。见铜子劈里啪啦砸人，吓得抬棺材的杠夫不敢再走，可也不敢去捡。原来这些都是原蒙古镶蓝统领，即僧帅——僧格林沁的侄男望后等。打头的就是其孙伯彦讷谟祜，再世代罔替承袭王爷后，谨遵遗志，轮流着拜会旧日的旗兄部下。本以为阿玛还健在。不承想，竟巧遇其棺柩，于是领诸将磕首不止，并奉送一箱银元宝，算是对阿玛的再恤。并将几乘座下的蒙古马送给章京（官名），还道："假若今天牛录不在，那么他们便会上报吏部，将其换掉……"而多年没出门打仗的窝脖子章京，哪见过什么王公，当时连请双安都忘了。而伯王问清安葬地后，却大发雷霆："镶蓝坟圈在京西宛平，谁将世伯瞎打发地方？"

　　当时牛录被吓得结结巴巴道，富察爷非说去看看僧王在阴宅过得好不好。伯王一听，便又痛哭起来……僧王陵寝在蒙古草原，这得何时赶到？糊涂的章京一听傻了眼，马上又往回紧返……待回旗后，将此事张扬无度，却故意隐去了他们跪送小僧王的熊样儿。不少牛录、章京都庆幸没做亏心事。直等到阿王（阿穆尔灵圭）代理銮仪卫大臣后，他一见我还问过，我那富察玛法可安宁？我可是没落下烧香拜他呢。

　　早听额娘说道过，假若没阿玛哥儿几个将僧王被砍下的脑袋抢回来，那么僧王便成了无头之鬼。而蒙古旗人发送故人的习俗，虽说有好几种，不管是狼葬、天葬、火焚、土掩，但唯独没有一种是能发送无头尸身的习俗。而阿玛却用布包好了自己的断臂扛了回来，被抬进家门下地后，便一头栽倒在地，当时他伤心的是，他的胳膊比他先走了。而等再次醒过来时，他复又哭，说国这回少了一个天大的英雄……

直到肃顺殁了许久，旗下人私下还是对杀肃顺多有争议。住菜市口的本家四玛法，就算是一个。他还说了件新鲜事。他道："杀肃顺头天，有官差来弃市上招揽'邪行'短工，只要能做四件事，便不分痴傻愚呆，一律全招揽。这一呢，得找会骂大街的，要不打结巴地骂，越牙碜、骂得妇道能堵上耳朵的就给赏；第二，敢往死囚身上扔臭脏泥的，其人当场还拉人，到河沿去试扔得准不准；第三，会扔鸡蛋的，边扔边喊'你也有今天！是报应'之类的话；第四，凡应试人，明儿一大早，卯时在顺治门开城门报到，还要发一身门面，当时便付五十大子儿，完事后再补齐二百枚。官差说完，扭头又溜到东市。结果，二流子、闲汉、乞儿和几个做小本买卖的人，便在私下跃跃欲试。市井人相互拉扯：赶紧盯着明儿早起床，奔顺治门拿钱去。"

有胆大的说："这位爷，谁敢说您老不是痛快一下嘴皮子？若是真，何不现在拿出点碎银子？请咱先喝一盅酒，暖和一下呗。"四下里皆跟着起哄架秧子，嚷嚷着"请喝酒"，但谁也不敢凑上去。可那人立马从行囊里掏出把大子儿，扬撒在半空后又道："记住啊，早上开城门！"说完骑马走了。别人都看着大铜子儿，谁也没看清他来路。官差骑马转身时，我见他背的行囊上有字，是满文"步衙九门"，就冲这来头咱能服吗！

见他走远后，众人才起哄喊，天上掉馅儿饼喽——于是，小贩及闲人们，还有晒老爷儿的，都冲过去争抢。青菜贩子最盼望在这里砍头，好就好在前后这几天里，会看不见偷菜毛贼的影子。

见我仍在懵懂着，四玛法道："菜贼心虚得很，人多不怕鬼呀，还有那么多官军哪！"

不等他再解释，往后我可注意上这"步军"二字。没出一个月头，随禁城内惯例，我不仅领到薪俸、奖赏及几匹绫罗，皆随平日的禄米面食肉一并送来。见这些物事最美滋滋的，向来是我正房萨里甘，将近百十两雪花银，足码放了一小炕桌。这比在善扑营时，饷俸高出近五倍。

在旗人看来，能到皇宫去做侍卫亲军，当是一大喜事。不光该请大家伙吃涮锅子喝白干儿老烧，还要挨家挨户地串串门才对。但我实在是高兴不起来，看银子，我自个知道，这近乎像刽子手一般的收入，好像带有肃顺的血污。肃顺的侧福晋家，也在镶蓝旗，而郑王端华又曾是副旗主，同时长大的他们，曾被本旗人视为最厚道的哥几个，而今却落得个一命呜呼，以往都成了流传野说。

令人难以相信的是，肃顺并非有多么"墨腐"，听抄家的侍卫说，其府宅是和历代廉官一样，除为官皇俸以及御赐物事之外，不过是多些桌几板凳罢了。听旗邻讲，肃顺忙于朝务，常是许久方回府邸一次。所以，在热河时，此事却被咸丰爷得知并惦记便即刻在热河离宫赐给他一处府宅。而承袭和硕郑亲王的端华，还是肃顺故让贤为弟，单凭这点，大大强于当今时风。我等就愧不如其大度。尔后，郑王府邸也被西宫收没，两家生人都被系上紫黑带子，皆驱赶至不知何处，端华等也被赐予白绫自裁。

再回想肃顺被杀那天，将两宫说成是"污浊裙带，不如诡异巫婆，大清必亡于尔等！"那天，刑场上行刑的刽子手，无一不用蒙头布遮住多半脸孔，而奉旨监斩高官的醇郡王几回在马轿车里喊人派事的，也连面都没露一回。都在躲避什么，倒叫人觉着有些说不清了。

我朝历来是"不饶活人，却放殁人"。当都统衙门发觉，几乎正蓝、镶蓝两旗人，每年都会悄悄给肃顺在三节烧纸送钱时，便告诫劝说，旗人必须要赶快停止此类做法，并转禀内廷。当我闻之后，吃惊不小，因我也曾随同督捕司，穿便装稽查暗访过。但我记着额娘对我说过的"我是对的"这话，为怕牵连家中，我事先便把信儿捅了出去。当我一再追问额娘有烧纸这事没有时，额娘终于吐露说："有，那是因肃顺做过好事，只不过，是他开罪过不该得罪的自家人——八旗满洲。"

后据当班侍卫大臣讲，肃顺当年曾做过内廷侍卫，虽脾气暴躁，但屡敢开口执言，特别是极看不上与他一般的皇亲国戚的尿样子。也常因不痛快，跑到香山一带打猎，以历练骑马射箭。那会的侍卫大臣，个顶个皆是揣着蛐蛐罐儿与油葫芦，只去侍卫府点个卯即算完事。而这些满洲侍卫，都是宗室内的孙男娣女，能够上皇室的"枝枝权权"，谁都蛮不讲理，那会最忙的是宗人府，整天是皇室闲散捅的娄子，吃喝嫖赌吸鸦片，占了一个全乎。京城的地霸流氓，皆有这些宗室给混混儿撑腰。宗人府敢办谁？总不能将皇室枝权都送到大牢里去过火回炉吧？金枝玉叶祸害天下，败的不还是国家吗？

额娘老是说："金树保不齐长歪枝，玉秧也拿不准结烂果，这便是自乾隆爷升天后，西方就开始算计上咱这万里江山的缘故。"而当我回营时，便一个劲儿向戈尔达打听，是否当年在记载中有肃顺，他道："历来皇子王孙进得咱营来，抓紧将他们糊弄出去，从来是好事。"听他这么一说，我算是门儿清了，敢情这善扑营也是"看人下菜碟？"

直等到南方的太平军战败后，"左家军"的我那几位都成了事的"它西密"，因荣封民爵并列勋拜将而赴京后，都骑马至善扑营，专为来看我时，个个已是参佐将尉，一身的披金挂银了。见我后一个劲儿地道谢。这使我在本营人眼中，煞是风光不已。皆道我是"踩到哪，哪就有金子"。而他们带来的礼物是太平军的刀枪等战利物，最令营人们眼红的便是一把全金的小令箭，说是左大帅（左宗棠）给我带来的礼物。直到他几个骑马走后我还再思寻："难道我这也是看人下菜碟吗？"

五话　王朝获大胜

南方太平军起事，北方又闹白莲。额娘道："天旱得正危急时刻，不想老天降下来了喜水甘霖。"而阿玛却说这下的是倾盆的喜雨。同治二年六月下旬，我在值庐内迷糊着"回笼"闷睡，只听诸多老公将那蟒鞭甩得啪啪作响。隆宗门内外敲锣打鼓间，听銮仪郎卫高声喊嚷。原来是我朝获胜，太平军败了。

此时东华门、西华门及神武门侍卫早来禀之：早朝尚未到时，众官便身着吉服，双手高举起顶戴，从外朝乌泱泱地涌进来，皆在隆宗、景运门外跪等"报捷"。百官无不开颜悦色、喜气洋洋地前来"等捷"，军机处也开了先例，将此地不可久留的规矩暂免，允许百官对着咸丰爷御书的"喜报红旌"御匾观瞻叩拜……炮仗也在禁宫内外响彻！京师到处是人山人海的喜庆，真是好不热闹。而眼看着白发谢顶的军机处老者们，竟哭天抹泪地连喊："同治盛世万万岁啊……"

当日，两宫皇太后首次在太和殿前庆贺，身着黄龙袍的顺治小爷在丹陛大乐声中稳坐于龙榻之上。而此后，恭亲王恭代皇上，由我们随扈便奔了天坛祭天。光我家便买了一骡车的硬鞭及"二踢子"以庆喜事。

京师夜晚像过除夕一般，将九门张灯结彩并取消了半月宵禁。内廷两宫携幼皇拜遍太庙、奉先殿及宫内外诸神庙，并大赦了天下，连宫女也被允许提前出宫或放假省亲。最热闹的，莫过于北宫门西栅栏，宫女及老公的家属皆来探视，这在以往连想都不敢想。

朝廷不仅大赦天下，就连今年早出宫的宫女也超过了往年间的总数。国是透着喜兴。曾国藩进京领封谢恩时，我们还喝到了他带来的千里外的绍兴黄酒。这东西，自太平军以来就成了稀罕之物。

暑去寒来，在禁城内过头一个寒冬，受冻得病的侍兄不止一个。这倒不是因没合身的袍褂穿，而是在不同场面，要穿着不同朝服或吉服，像以往乱抓瞎穿，倒霉自然是自个儿。比如随扈恭亲王去总理衙门那些时日，头天嘱咐我们都要穿礼仪吉服，也就是穿棉盔甲，既显威武又不失暖和，但偏偏有人觉着天还不错，非要空心儿着装，他不挨冻谁挨冻去？

再有即是侍卫的吃食，用我们自己的话说即是"偷油吃的耗子掉在油瓶里——里外都是油"。以往在善扑营时，因整日狠劲儿地练功，极消损身子，从来吃得不能再饱，也不怕荤素与细糙，从不挑食。多成了胡吃海塞的大肚罗汉，浑身牛腱肉却是瓷实的。现如今可就不一样了，既不再强使力练力，也无须再和谁争与高低。于是顿顿有吃不完的整鸡、全鸭、完鹅、酱肉、腊肠、灌肠等数不过来的荤菜，还有千层饼、葱花饼、锅巴、大饼、玉米丝糕、发糕、肉笼、肉包、彩花卷、馍馍及各藩国的多样贡米等，都是主食，菜肴比在善扑营吃得肥腻。其品类花样一多，自是都会尝尝。

我小辈儿人，往往是口味儿越香，便越多吃，直到吃得肚儿歪。也只有进内廷方才知道，人世间的吃食，竟是这么繁多，有如此之多的东西没吃过，是越吃越馋，越馋越吃。哪怕是执事稍闲时，也凑到一处琢磨，今儿该吃什么、最想吃什么。哪里还管什么给我们定的"不得暴饮暴食"的规矩，天天吃得肚歪愣饱，撑得人人打饱嗝，放饱屁，满嘴皆是吃食的馊味儿，如此的食火呛顶，燥热不堪，也为此受过领大臣的提醒。

果真是为嘴伤了身。

人若是吃好吃多吃油腻大了，保准上火长膘，再加上天寒酷冷，见天见夜晚吃火锅、点心，而点心全为甜腻的，如荤油咸烧饼、油酥饼、芝麻饼、果脯、蜜汁、蜜饯糕、碗糕等，最少得七八种点心，不一定都尝上一块儿，就打饱嗝了。而火锅中再添上蟹、虾、鱼等海货及江南口蘑、川渝香菇、本地青黄绿黑豆芽、豆干、火腿、羊肉、宽粉，还有各类应时窖菜，佐以卤虾酱、炸辣椒，再煨鸡汤，皆香辣适口，但吃哪样都离不开上火。别看顿顿这么吃，却是人人没个够。假若真有谁提起说要换换样式；寿膳房厨卿自会解释："点膳向来由上面恩准，早说过，天南海北的吃食都要撮，才不枉人来一世，亲军是亲娘养的。"

往往已是肚子吃歪吃胀吃撑时，等到夜晚，还得给我们送洗净切好的四平苹果、烟台香梨、广蕉、云芒及果汁等。尽管吃应窖鲜果，沏败火提神的酽茶，但只需两宿晚班，照样是满嘴长口疮燎泡，难以张口说话，着实是难受不堪。若轻了，自己扛几天后便自愈，若重了，还得吃清胃降火药，吞大力丸或山楂丸，含克食的清肠散……但依然是屡治屡犯，也更甭说闹不闹痔疮了。

而冬日里内廷的一道小菜儿，倒是和我额娘做得一模一样，就是每年都做的"肉皮冻儿"——旗人则叫它"豆儿滚"。由猪肉皮、大豆、胡萝卜丁儿、熏干丁儿煮制而成。这也是多尔衮最爱吃的食物，后来就被叫成了"多尔酱（将）"。额娘说，这是在多尔衮被枉罚之后，旗人为不忘他的冤屈而叫的，意思是"多尔衮将军"爱吃。内廷这道小菜儿竟和家中吃的丝毫不差，也叫"多尔酱（将）"，这倒有意思。而额娘倒是说，乾隆爷吃的时候，才知道两蓝旗人多是记挂多尔衮的苦劳的，所以他也喜欢吃"多尔酱（将）"。乾隆爷说，要是每个吃食都记着先祖们，那八旗满洲的先祖们该有多乐。

而现在的睿亲王仁寿便是多尔衮的继嗣。早朝时，我时常能在宗室待漏处见到他。他人很谦卑，没有宗室的架子，但却得到了侍兄们的尊重。

给我们专尝吃食的小老公，最是招人讨厌。

不管尝什么，他都要用木刀切开，挨个先尝一口。照此类推，直到他打饱嗝再吃不下去（才轮到我们吃）。开始我们还耐住性子等，但他会像耗子磨牙似的将所有主食，用刀切开并遍尝，弄得是满盘狼藉。无论我们怎么按压住脾气，也是恼怒不已，阳明火直蹿。都说，毒是没了，但总不该吃臭奴才的哈喇子吧？

最后，经我们一致提出，水果与主食，不必挨个都尝到，若再这么起腻，会立马叫他换差事，非打发他去慎刑司不可。小老公也明白，尽管他这是在"攒打"，但还得是跪着接着来尝。其实是他更难。他会常因尝吃食，总往太医院跑，吞吃大个的山楂丸与克食散，常撑得是上下不闲着。见侍卫大爷们都对他翻白眼，他也只好作罢，但景运门当班大臣却说："侍卫亲军，皇上贴身，好与歹的，谁也担待不起！不然我去尝，这总行了吧。"结果，小老公不知受谁的点化，又拉来个帮手，我们总算是躲开了"看嘴"的尴尬，干脆坐远远地等着人叫，来个装聋作哑。嗨，那俩小子，自己倒知趣，只比画一下就完事，再也不敢慢慢拉拉了。

为降火清胃去肠油，自然要灌足茶水。茶都是新近的天生绿茶、茉莉花熏的花茶、清茶及杭州西湖龙井或闽安溪的乌龙、铁观音、大红袍贡品等。为去火还有药茶，如菊花、板蓝根、芦根、薄荷草、金银花等，全是焙干的小包。说茶好不如说水好，咱在乾清门这喝的水，正是玉泉山的泉水。

也不知旗人是和谁学的，先要看谁的瓷把儿缸子里的茶碱最多，那才算是"喝主"，便最有本钱说道茶叶。在夜里灌茶，是能提精神头儿，但不见得都出恭在夜里。若等在白天，或再接上班次，准得折腾解手。若长此下去，往往要耽误早起的练功及黑白日的执事。早晨本就是空肚子练功，正好是"外练筋骨皮，内敛一口气"。

谁都吃得走不动，肚里总咣当着油水，还练什么？各个腆着大肚囊，一个赛一个懒惰。好就好在还可换班到西苑，但很难比起当年去禁苑的马不停蹄奔波。近虽是好事，可同时也使我们更加懒惰，随即日日攒起周身的肥肉来了。

我不属于专靠着身板坨儿大、专门在东营久宿的专摺重跤的蒙古味儿布库。而对于挺肚囊、塌拉屁股蛋子的大坨儿旗兄而言，其身形令御前大臣实在是没法留他们在内廷维持下去。再者说，人又都是些既没溜儿又随便惯的家伙。从来是坐没坐相，站没站样儿，连最大的马褂儿号衣也不合适。凡遇季节更替，皆会称每个人身重，过于发福的，便会借机会换其事由。若遇上当班主事的治理人头，领侍大臣多半会将其换到外朝或偏殿去值事，要不然就换到夜班；倘要真是好身手好功夫，但还得要靠好人缘，方可留在昼班。我们自己对昼、夜双班称"天地班"，白日自然就叫"天干"班；而夜晚，只有用灯笼照地，自然就效仿禁苑叫"地支"班。但禁苑没被烧毁时，也这么称作"地支班"。

所以，太肥胖的总得有特别长处才可。我还算是瘦点儿，但不单薄，还是好人缘，于是都说我能待得长。不久，领大臣传了醇郡王令："膳后必得行走千步，不得有误。"

要在过去，我们常会到各旗营去亲身教授或比试布库戏法，没少听到褒奖。而哪翼都必须要给善扑营出银，作为"犒赏"。郎笔帖式说，这好比是给文曲银子叫"润笔"，给戏子赏钱叫"清喉"。给上司送礼夏日得称"冰敬"，冬日称"炭敬"，生日便为"诞敬"……我们是靠"摔摔打打"卖力气出大汗，所以就被称做"汗敬"。

我们在隔年秋操时，大都是做样。其最大目的是能够吸引到军中历练布库戏法的"瓢子"，使高手越来越多。总希望在各营演秀时，不断蹦出来扎刺的生瓜胆子，大胆地递戈挑战。我们则是"拿屁股蛋子当骆驼脸——算是给好大面子"。而往往引得旗兵们都奔善扑营甘做"它西密"，好样的自会留在营内。

在该露脸的场合，我们虽从未失手败过，但也大意不得。若真输了，脸面会过不去。我们常会将那些认为布库"只是招数，不是武功"，的孩珠子们摔得狼狈不堪。若遇还能对付半刻的家伙，那么好了，我便开始了玩"花戏法"，会将对手带进"圈套"内，极为利落洒脱地将其摔倒，这种花枪似的玩法，会引来人群中的阵阵喊好声。若见到对手因无还手之力时，博得的喝彩声会更高。而这时的对手，早成了我演秀的"架子"，是极具可观赏的活荏儿。若没帮衬，怎显出高手？兴致好时，营人还会嚷几句老掉牙的号子："八旗满洲是个个能，布库戏法在善扑营，关老爷护佑我大清，做个'扑虎'能挣太平。"我们常将"扑户"擅改为"扑虎"。

原来在紫禁城东南角，文华殿后的上驷院照壁前草甸上，曾有过一块专给我侍卫"使活"的地界。此处留有浮土尺厚、几丈宽窄的寸地，可随意在那里练功、使力、角逐，还可相互对弈布库戏法。此地北临太医院与御药房。而咸丰年间在此承值的蒙古御医们，不仅极爱观看布库戏法，时不时还争着跑上场，踢撩披挂上几跤。常借此来松松筋骨，也放放自己久违的鹞鹰子步伐。但因多年与太平军对决，使得大部分蒙古御医随军旅殁在沙场，以致内外廷的蒙古红伤御医，多年后继无人。而阿玛当年，还常向蒙古御医请教正骨、嵌针、快刺等杏术，借上辈人教的底子，我学了些跌打损伤的偏方，其中与药爷乌赖巴尔学的最多。

还有件事令许多人始料未及，凡是打呼噜并鼾声如雷的，均发了一个削好的竹片，叫他们就寝时含在嘴里。果然，大部分人都被这个小竹板"治好"。凡是没效的，都被逐渐打发走。因为他们不只是"鼾声如雷"了，当他们脑袋一挨枕头时，那就是"鼾声超雷"，简直就是别人的劫难。于是，那些在梦中咬牙放屁吧唧嘴的大坨儿侍卫，都被移到了门禁。

入内廷后，我也开始心火上延，这可不是喝茶吃化食散能打下去的。原在善扑营时，玩的那些个家伙什，如褡裢、勒棒、搅棒、皮口袋、皮条、布库靴靰及最讨人厌的中幡和满山遍野的石头堆，这儿都没有。这使同来的旗兄们，都觉得无所事事，空空的毫无着落，想玩却没家什。原来用手掰开青砖或劈开青砖的本领，现在却慢慢都丢掉了。我们好似大山里的野兽被囚进了牢笼，但凭年轻力壮的野性，自会生火至口舌出疮。哎哟——憋闷死了。而善扑营从不比试放铳。平时独有我练习用最快速度装药填砂，用通条砸瓷实铳膛后，再灌上洋蜡，随时即用。哪怕我若偶尔放一下，也常被旗兄说成："内热不散，毒火攻心，羊角风的前兆。"

因禁内无法练骑马，恭亲王便打算去上驷院淘换出几匹御马充数。因皇上尚幼，无人想着督理，厩内早成为半空儿。多年来，还没听说过咸丰爷派谁到御厩来提马。而那十八厩水光溜滑皮毛的御马要由厩丁、草夫多人来伺候。都道是"御马犊子——从不缺套",不过是看摆设罢了。

听郎笔帖式念叨，英法联军打来的前几日，自热河来接皇上的龙辇，火急火燎般一下子冲进东华门。在门禁前守候的侍卫与护军多少年从未遇见过敢有大马车闯宫的毛糙事，若非有侍卫大臣早在恭候，别说侍卫，连禁军统领也是看得眼睛发直。都说皇上出宫从来得坐肩舆（轿子的古名）出红墙，但这回不一样。侍卫护军便玩命紧追龙辇，乃至架起来"二人抬"。追上后，因话不对口，将赶车的拽下来，按地上一顿暴揍。挨打的自是那个缺心眼儿驭手……但谁也不敢问罪。侍卫找什长，什长找值班散秩，只听喝的"散秩"竟没胆再去找当班侍卫大臣。他们谁都明白，随扈咸丰爷的侍卫亲军等，早就在头几天，从禁苑奔了热河。而被打得死去活来的驭手，仍不依不饶："咱脚上靰鞡是皇上所赐，爷是免死的……爷也是拜堂阿姑郭罗阿（姑老爷）——"

"靰鞡"，满语就是满洲人穿的鞋。老满洲的靰鞡，是来自东北故土的乌拉草加皮革共制而成。"靰鞡"本意是带兽皮的草鞋。在秋季的长白山，处处都长满漫无边际的乌拉草。割下来经过晾晒梳理再缝制后，垫在脚下，专吸汗水；要用它来浸水泡脚、擦澡，好像松香一样，永远是涩涩的，汗脚踩在上面也不会黏滑。夏天，用它做成草靰鞡，再加上女人用裱得袼褙纳成底子，这就是先前女真最好的靰鞡。而且乌拉草有种说不出的芳香，不管脚多臭，只要放了乌拉草，臭脚丫便会不招人讨厌，这也叫"靰鞡裹脚，不好也好"。满洲人管皮靴叫做皮靰鞡。若到了寒冬，便要在靴里填加乌拉草，即便是没袜子，也可保暖不冻伤脚。但在蒙古草原上，只好用羊毛擀出毡子来，或只用一块布或毛皮代替袜子，总之，都为一个目的——耐穿防寒。

我满洲人更在意实惠实用。因乌拉草遍地可取，而靰鞡的个头就更大，即毡靰鞡，这是学蒙古人巧用了羊毛。毡靰鞡比起乌拉草更实惠，多少年后，还会经常在京城看到满洲人特有的毡靰鞡。不仅保暖，还可在靰鞡外，再套穿一双毡靰鞡。在冬日，不仅古稀的老人每人一双，而且连乞儿，都会穿上一双带有补丁的，也许是买人家估衣，或从破烂堆里捡的毡靰鞡。毡靰鞡是满蒙习俗混生的物事，是常站岗旗兵的必备，无论谁家也都有一堆。

因我脚丫子长得娇小，常穿阿弟的靰鞡。额娘总说我将来长不高。但到十五岁那年，我个头一下子蹿过玛发与阿玛，额娘总说我是吃黑羊羔肉吃的。

烦心事来了。一天，恭、醇等几王突至值庐，说是要查验侍卫的走步有无进展。若没今儿的验查，我们谁也想不起来该仔细端详一下自己究竟有何进展。从箭亭只走到锡庆门前，我们仍似一只只站着行走的螃蟹，端着一对胳膊肘子，横着往前挪动。还叉巴着俩腿，肩膀是左摆右晃，只有这脑袋瓜子还算端正，其他四肢是各行其是。就这副德行样，我们自个却一直以此为荣，觉得十分合格……到了我这儿，恭亲王才唔了一声："巴力罕，走学过的步法……"我虽听到了，但不知怎的，就是走不如意。

醇王除去哼曲儿顺嘴，从来是嘴拙话撅："都得改喽啊，这不是全成大马猴了吗？"

恭亲王也道："诸位旗兄，咱耳朵打卷，那是褡裢套子给咬的；胳膊根乍着，是胸把儿那腱子给硌的。自打今儿起，那套乾坤老鹰蹦，马上得收起来。不然人家会背后指着说咱是'螃蟹走路——横行霸道'，可就真跌了咱的范儿了……"

这时，我突地见一只大红蚂蚁，在恭亲王身上正爬。我上去抓了蚂蚁扔在地上，打算抬脚踩它。但恭亲王用力支开我道："使不得！'皇宫的蚂蚁动不得'，这是要下大雨了，若在沙场上，你打杀了蚂蚁，但却悖逆了军纪……"果然，他脚边仍有一群大蚂蚁嗖嗖奔跑着。"嘁！"我便将抬起的左脚还回原处。后晌我们去观摩武卫新军，看看他们学西式走法。

冒雨观看完新军行走，我们走的做派比先前要强好多。若依我说，似螃蟹的走路姿势怪实难怪罪侍卫，若我们扒去上衣，露出那打小就开始练就的一身混不讲道理的疙疙瘩瘩的"牛腱子"，谁都会即刻谅解那无法改变的支撑双臂，实不能完全放下来。再看这两条腿，只要一打扮上骆驼褡裢，自会看出，那可不是因为骑马才长成的罗圈腿，而还是因为左右"风市穴"上的那一对"活耗子"（腱子肉）。说白喽，腱子肉多的人，有几个走路不岔开四"爪"的？除这身功夫能炫耀外，还有身上的黄马褂。

当年康熙爷敕建善扑营东、西两厢营地，还是自生擒"逆臣"鳌拜开始，要不是一群生马蛋子帮忙，那佞臣已完全将皇上当作玩偶，以至于借机滥用皇权，矫旨乱宫，还枉杀不举。也真不知当年太祖爷，到底是怎么给他立的规矩，致使皇权衰落如此。康熙爷本来是要砍他脑袋的，但孝庄皇太后认为，究其鳌拜不过一介混账武夫罢了，总归是驰骋不了天下。他毕竟有着夺世与辅佐幼主之功。而到了如今，脚下这偌大的千万里江山，都被八旗满洲吃进肚子里，连成千上万的旧明官兵皆可留用，不必容不下一个鳌拜，给他一间最大的牢房，由他自己折腾去吧。

剪除只是刹其威风，而真杀他却叫康熙爷不忍心，但仍恨得牙根儿疼。既然冲他曾勋功盖世，干脆叫他在"篱笆圈"里老殁算了。

而和康熙爷一同玩布库戏法的，虽有几个做大官的，结果到哪儿都惹是生非，甚至有人串联吴三桂。把康熙爷气得实是没法。但凡能留的人，尽可不杀。既是靠武功起家，那当然就得在意这些"布库勋臣"。于是，圣祖爷从草原御驾班师后，又建起东营来。先是请八蒙的布库王及汉满名将做翼长，也有极少数回、朝鲜族等。而在东营演兵，还要加练火铳等西洋器械。所以，东营的名气，并未因是敕建而高出西营以上。行外人极少知道，我善扑营在大佛寺就近还有个东营。

六话　漫话善扑营

善扑营是我朝最具盛名的"布库翰林"，从这出去做"它西密"的武官，遍及八旗满蒙汉军各翼，皆是营中之栋梁。而我朝于每载招考武科的前后月余，皆要由善扑营的旗兄弟们一一划等排级，因不是所有想武考的人，都能随意参与到最后这一拼。在层层擢拔中，会像层层剥皮一样，仅剩下近百个人头。等到在禁内的箭亭前，同皇上、诸王一起被评定等别时，也就见不到几十个人了。而在这时最有权力评定人的，便是我们这些号称是善扑营大师傅之称的人了。在我朝，师傅的称谓等同阿玛的含义，向来是极高等的尊称。如帝师——皇上的师傅，萨满师傅——神灵委派的先知，又如像御史言官和各殿大学士等都是师傅。其称呼辈分之大，不可小视。

而后来的善扑营，除还记得出名武师外，早被人忘得一干二净，如同好身手的汉武举人被忘掉一样。细想一下，武功再高超，的确也抵不住八国联军的船坚炮利，也不如手使的笨鸟铳。尽管我朝一直维持着善扑营建制，但却越来越不吃香。而这回恭亲王重视我营，重新选拔出侍卫亲兵，我自然感动。洋铳洋炮再王道，也得人来使用不是？十分可笑的是，现时在西营正堂内摆放的，早已不是十八般兵器与皇赐御刀及布库腿子的"三大样"，而是增加了一排打不响的，用铆钉铆死在酸枝木条案的各式鸟铳，因怕人随意抄用，鸟铳膛内还灌了死铅。难怪远近做贼的，从不惦记偷我营，连刑部官员都这么说。

盗贼竟有脍炙人口的顺口溜："偷东窃西，不往善扑营去，劫南盗北，有活人没活水。"其实，贼怕的是善扑营扑户，以往抓到过几个毛贼，均被营人当成了玩物，就像猫玩耍耗子一般，你伸手抓一把，我伸手到一抓，他再绊他几招，没几时辰，便被摔成了残废。

原本以为，"祺祥"建勋，多少也该歇息几日。但一踏进紫围子内，身边并未见谁趾高气扬地指使无数的奴才苏拉。后来才知道，不管叫御前侍卫、乾清门侍卫，或亲兵、銮仪卫还有护军，大家全是遛大岗巡大岗，到处进行礼仪纠劾，忙过之后并没什么意趣。但挨着皇上的荣光和高昂的薪俸与待遇，的确会使任何人动心。最能令家人笑出声的，倒是这回能一辈子躲避沙场，不经风淋雨，还能享得天伦。这便是后代们常说的皇城大爷的风范——万事随人的平安。

每一轮值事是六天，要凑足十二天的时辰，而余剩下的六天歇息，都要美美地"偎窝子"——睡足觉。我们还要约好旗兄们，去城西校场或城南哪个校场比试布库戏法及骑马射箭，也保不齐偶尔进进戏园子凑凑热闹。听说每年还有五天的"谢恩日"时，我寻思着，我大约要歇息半年。哈，侍兄们与我一算计，可不是？就说有三十轮倒值事，但不过才有五天不算饷俸，可那三百六十天的一半，还不得归我们自己？

自同治年来，内廷延长了侍卫的练功时辰。这是因禁苑被毁之后，西苑不用侍卫的缘故。而眼看着在禁城内一天天长起来的同治小爷，倒是个早起晚睡的布库迷。他正年轻喜动，最羡慕布库戏法，有时候，他说不定就突然跟去了哪个校场。不声张，绝不喧哗，也没更多人簇拥。真不知他穿好了褡裢皮子，会突然笑眯眯请教我们中的哪一位奉陪练武。因他的消息终比我们灵通，我们在哪个校场，他常是紧跟着随后就到，并马上会有口谕传过来："只能暗自随扈，不可示意他人。"结果，本来想轻松练功的我们，不得不紧张起来。往往在陪小爷时，还没等动换身子，手里就捏了把汗。我们都会嘀咕："我天爷，这回真龙来了，可别磕碰着呦……"

小爷从来对我们也是客气有余。因为他看到了我们之间的打斗，不仅是实战，还绝顶的有架势，有模样还有看头。他哪知道，这戏就是专给他演的，也好叫他歇会儿。不然我们真经不起他吓唬。

初始进宫，万事尚生不熟，还需将出入之门户的方向、方位及各类人员烂熟于心，切切不可疏忽社稷的委信。所以，自早而晚，自夜而晨，虽单调乏味，但我们从不敢马虎一点，是既新鲜也更上心。

旗人有"在家分大小，出门肩膀齐"之说法。"肩膀齐"是指平辈儿弟兄之意。市井都传说，老旗人同辈见面，必用左右臂膀相撞的旧俗，当作问候。若是人在马上，便会用手中持的长枪尾杆，照样轻轻地撞一次。若手中没有器械时，便是将马头向前靠靠，以示哥们儿和气，后来京人便将"撞上"作为俗语。

乾清门俗称御门，该品等的黄马褂侍卫，同属于御前内侍——也就是御前侍卫。原是每时刻等待随扈皇驾出入，并与皇仪仗一同摆谱做威随龙执事的。我们对御前大臣得称"上面"；御前大臣则称皇上为"上面"，对我们称"下面"，而"下面"还会有数不清的"下面"。而剩下的我们怎么办？只剩了彼此，那就称"爷"吧……总归在我们侍卫面前，总会有数不清的"下面"。

开始面对文武百官执事、验牌，我们还有些磨不开面子，曾极为客气。致使个别妄为大员，竟敢当着面，随便地咿咿呀呀的，出口不逊，还会不耐烦地等笔帖式们书写记录后再进门，有的会急躁地嘟囔。这类人都是些满籍官员，特别是依军功升品的，就更不像话。我们对此种官员从来不客气，申饬后，还要记在笔帖式簿上，直报到景运门那，景运门再分出旗官隶属何部、何营，以究其是打是罚，绝不姑息。

上朝的百官从来起得很早，在卯时前一定要在隆宗门外候着。所以，常是天未亮尽，恭、醇等诸王，便坐镇在景运门内值房，直接代侍卫大臣值守。恭亲王此时仍代理内务府领臣，但他多被黏在新落成的总理衙门那儿，以应对外使。

卯时天亮，朝臣进宫。尽管我们在景运门小心着伺候，但对朝官还是不免有明显的莽撞与怠慢。不少来往官员对侍卫的做法议论纷纷。而各系类官员对恭亲王却是不敢不服。后来，所有被"叫起儿"的京官员们，几乎是异口同声地说侍卫亲军是天下最高品等的"势利眼"。

"官依等份而处"，没办法的事，就连官员们穿的衣服和补子上都画着品等呢。总不能光学《补子歌》而不用。

比如说：亲王以下的——"郡王前后肩，行龙有四团，贝勒前后蟒，爪四蟒双团。贝子前后蟒，爪行蟒双团。镇、辅国公四爪蟒，似龙非龙正后方……公侯伯等爵九蟒缠……"而我在梦里也没忘了继续背咏。

还是恭亲王透着敞亮，干脆叫我们对外臣一并而呼"大人您"作罢。从此北京城便有了"您"字的称呼。而侍卫彼此，则相互称爷即可，绝不可再像以前，相互吆喊出小名乳号。但对值班大臣、"二门一处"的"散秩""行走"及外官而言，绝不称他爷。尤像我辈这些黄马褂，对外官敬而不交往。尽管官员们敬的是皇上，但他们对侍卫不想敬也得敬。而我辈在他们眼里，不过同是走卒而已。即便我们可以给他们告御状，但必须是忤逆与大不敬的大事。所以，侍卫的权力像木匠尺一样，只管量线衡规。凡遇没官凭的概不放入，这即是我黄马褂的实情，是"驿站的号马——各奔一段"。

在我们眼里，景运门的值班大臣往往最是麻烦。新来旧走的，鱼龙不免混杂。他们往往主个事由，便好似管着你，总看谁都别扭。于是我们不仅不呼他们大人，还免礼而禀，一概不予礼节。黄马褂毕竟是代表我皇万岁，对他们干脆称呼"您"，绝不给其做"爷"的刹那机会。但侍卫间若不称爷，倒是见外了。而对我乾清门侍卫，当班大臣绝不敢随意支使，遇事还要找我们亲军校、主事、什长与笔帖式商量才可。

对于所有如"散秩""行走"类从品官员，我乾清门侍卫从不看其一眼，更不怕高过我一、半品等。乾清门侍卫是单独值守尽责。而新到值臣，既不习惯也不甘心，遂禀诉到恭、醇王那儿。但诸王则以已将"乾清门侍卫之职低品高列至清律"中，不可再妄谈此事为由不予过问。其实，他们都是些只会告状的废物、软蛋包子，而王则常谐他们是"文不会操笔，武不能弓马"，谁能奈何得乾清门的黄马褂？

同治末年夏日六月初，当班侍卫大臣重又给我退回报单，这本是打算开修禁苑时分派执事侍卫的花名单，我几个还寻思，真叫恭亲王说中了？我问："皇上不修园子啦？"

"小安子①出去办寿礼敛银子的……这不折在山东丁巡抚那了吗，不知何时放他呢。"

大臣这话，引起众侍卫话来："喂！小安子叫山东老丁给扣啦，老公不能出宫。"

"不能够，那怎么出去的？——出去也是给西宫办事，扣？还得放呢，谁惹他呀？"

"放？进去就给砸上铆枷了，那不是报信的宋贵儿那小子吗？还在那抹芝麻酱呢。"又过几天，山东巡抚不断递来"六百里"，但丝毫也没小安子的消息。恭亲王进宫又急着走了。而我们还在静观动静，都道："即是懿差，那还瞎扣什么，这不是'人家要一间房，您愿送个院，纯粹是白搭工吗'？"

大伙儿都还记着我跪养心殿，小安子故意不给我送垫子那回子事，有的说："该！扣仨月不多，他捯饬'三足鸟'的旗子出来，看来有西宫给做撑腰呢。"这时候刚从外朝西华门门禁那下值的苏尔勒，急插进来话："仨月？嗨！哪还有仨月？小安子去阎王爷那点卯去啦！皇上的旨意是即刻问斩！"值班大臣也刚从养心殿回来，听了苏尔勒此话同是张口哑然，也发了愣。

他又补上一句："暴尸三天……以此为证后宫清名，这小子，敢在难民里挑娶萨里甘……"

"真的？不会这么快吧？"侍卫们听罢异口同声，都跺脚咬牙，"活

---

① 小安子：安德海（1844—1869年），慈禧太后身边贴身太监。直隶南皮——郡河北省南皮县人。他在八九岁时净身，进宫后在咸丰帝身边为御前太监。由于安德海聪明伶俐，并善于奉承巴结，很快就得到了咸丰帝和那拉氏的好感。而咸丰帝在避暑山庄驾崩后，安德海更成为慈禧太后的心腹，他干预朝政，并打压恭亲王等一干官员。同治八年，他奉慈禧之命，到江南采办服饰，走到山东地方时，被巡抚丁宝桢擒获。后在同治皇帝与恭亲王的支持下，很快在山东被处决。

该——"

这倒是好，倒是终有个因果。这回他自己是真活腻歪了，哭着喊着跑出门找死去啦。其实这也是早早晚晚的事儿，用郎笔帖式那句话说："在内廷逮不着您，在宫外可跑不了您的，您知道的太多了，不见得还留您做活口儿。"没过几天，随他去山东的一干人，还有几车"罚没"的珠宝，被老丁派人都送了回来……老丁后来做了封疆大吏。

两宫在养心殿"垂政"多年，我们从来都是把官员从乾清门让进来，这也是为给足文武百官们面子。但仍得从内右门出来，可也绝不会叫他们在乾清门前停留。一旦有违，我们即照样大声申饬，即便对"超品"的王公们，除了您踏踏实实地在待漏房那龟着，只要是往前多一步，也不留一丝毫的情面。这便是按恭亲王说的那一句："无论超贵，上有家法。"

其实，在乾清门内，皆有东西穿堂门皆可以行走，但得说"关起门来才可行走"。尤其是那些久经沙场的武将，见侍卫在乾清门前吆喝"大启儿"时，给出的样子就该是八面威风，不可一世。而这时的景运、隆宗二门，才算是有了禁中之禁的样儿。在"祺祥"后，内廷才重将关闭多时的乾清门大敞遥开。

当年乾隆爷御门听政时，若降旨处罚令，经"御前"大臣们再传话，而真正执法揪人的差事，便是由清一色的黄马褂侍卫执令。高大而威风凛凛的御前佩刀侍卫，身着明黄色马褂，正根儿代表皇上，而挂佩的方头绿底雕蟒绣纹腰刀，环铃摇曳，无不震慑百官。

若遇皇上龙颜大怒，那丹陛上下的侍卫，早就拿捏好过场，还往往要盘算，该如何狠打大臣的屁股蛋子。而只要是一摘顶戴花翎，甭管他是都统、大学士、翰林公，或是掌管千军万马的大将军，也许他刚还神气活现和皇上犟嘴斗气呢，立马就得傻眼。

只要有这句："皇上有旨，推出午门杖责——"

多大的官儿，立时就成了什么也不是的白丁。但凡一听"杖责"，侍卫就好比是刚吃完涮锅子一般，那叫气火旺盛！挤着往前拿官，并起着哄看热闹。

御前或乾清门侍卫，虽然不可能跟着去看打屁股，而真正出手的则是护军小子们。其实这也麻烦。您比方说，皇上也许过会儿消了气，到底打是不打？若真打了，得罪人的自然是侍卫。若皇上觉得该打，也得再凑上几个。所以，虽然是风风火火架起"犯官"来，但要确保其毫发无损。犯官是否老弱病残，能否禁得住，御前大臣总会有交代。比方说，从皇上前边答"遵旨"下丹墀，直到被我们拖行几十步，再放到一个"马架子"，早悄悄地揪袖口相互嘱咐着"加小心"，是说，这是个身子骨糟糕的家伙；若要说，"多加小心"，那您可得真加小心了。看那官的辫子已雪白如霜，多是朝不保夕的老朽，保不齐这一拖便要拖出人命来，那就真捅娄子了。

御前大臣要说"紧着走"，那就更别着急赶路。尽管从前多尔衮曾用狗爬犁拖人，但今非昔比。今日还得用"提搂"，就是四个侍卫各提上一只手或脚，一直提搂至午门外东南角儿去打板子。

可堂堂的黄马褂，也是龙爪麒麟蹄子，哪能够真下手提搂啊？于是，便从那旧明朝库里翻出来专门提搂人的家什——马架子，也俗称它"屠架子"，但现今绝不能叫马架子、驴架子或别的什么架子。听御史白话说，咱朝官衣儿有马蹄袖子，顶戴又是雀尾巴翎子。满洲人没马便成不了气候，讲究的是"马上皇帝"。皇宫用物，最有讲究。甭管架子叫什么，反正是没它不成，老哥儿几个就是再棒，个顶个都在九尺朝上的个头，但架不住道也太远啦。

于是，同治爷便相准了这架子，还叫工匠重新做得八面玲珑，四面见漆，油光瓦亮。人若往上一趴，一根竹竿即刻穿过犯官的两头袖口，将他往架子上一支，"四爪儿"都离了地面。架子上有一处圆洼心儿，将头往上一放，脑袋瓜儿便埋了进去，想喊都出不来声儿。齐活！再叫老几个轻轻往上一抬。这会儿，因腾出来了一只手，侍卫的神气样自然显了出来。

乾清门这身材最高的，是大个子巴克丹。那次架"犯官"时，数他最累，他要哈着腰就和矮个。而我们累的是，要半举着架子迎合他的身高。好不容易刚抬出端门，那犯官肥头大耳胖得喘粗气不说，好嘛，出午门便吓抽了筋儿！可把老几位吓得够呛，立马放下来掐"人中"、按"涌泉"，得亏都懂得应知穴位。若不打自亡，谁知道殁的是清官还是赃官？胖大臣醒来只哼了两声。而"殿前"小老公，早小跑着追来，说皇上叫快回去。得，遇恩赦还得搀"犯爷"回去。

这事只出了一次，同治小爷便再不敢张罗打官儿了，说是挨了两宫的好一通数落。往后在午门之外御道东南犄角，只会见着总摆在那儿的几条赤红长揽凳，及戳在旁边的半黑半红巨棒，在那干吓唬"官"。

而真正在内廷打人的，倒是东、西两宫寝殿。责打犯忤老公时，从来在每座寝宫内的鹤房、鹿圈、鹅巢、犬舍里打。若殿内没这等地方的，只好一律拉到宫门外。老公们并不惧在此地挨打，因不过是随意惩戒，除自己"掌嘴"外，多是叫老公来打老公。东西十二宫的规矩是，绝不能打殁人，这是依照祖制。打人多是使用藤条、戒尺，绝见不到忒大号的棍棒。也并不敢打殁人，其实这是怕脏了内廷圣地。可老公最怕被拖走至慎行司，在那地方挨打也许就难再存活了。

相比旧明对待官员的残忍，内廷那几个御史言官总念及我朝历代皇上宽厚仁义。因为旧明最简单的刑罚，便也是最残忍的刑罚——"剥皮萱草"。犯官随便贪二十两银子，即会被人将人皮剥下，塞进干草后，摆在府衙前供百姓观瞻，供墨官儆尤。而对太监而言，刑法是多得不能再多。在内廷禁地，御史会说出多个实例，各个能吓得人胆寒。

同治爷亲政前后，并未改顽皮无度的秉性，但我们却皆会在内心容忍。缘故是，他还是个沉迷于布库的少年。不免与我们常为"沆瀣"，他时不时借早膳后的空当儿，和我们打招呼后，便悄悄地溜出内廷，即刻会来到上驷院照壁前的地场比画几下拳脚。

若有武科临考，武举子在前面，拉弦射"花钱"，同治爷总在后面比画模仿，而且还专模仿那些看起来是极为英武的身手。太监与御前侍臣生怕他小老人家被不长眼的流矢伤着，但他自己却从不在意。若再说多了，招惹小爷腻烦了，他就会拉长脸，但很少瞪眼翻脸，却只独独说："去去去！"而最与他熟悉的，便是喂有十八厩御马的上驷院的侍卫什长。

什长叫德兴阿，正白旗出身，当什长近八年，照旧是三等六品侍卫。眼看着别人都升了品等，他是干着急，不知该怎么办。上驷院的衙门本来品等就不高，待"祺祥"之后，反倒又落下来一品。照有个草夫许尔东的说法即是，就等着咱小爷来上驷院给添福呢。其实谁都听得明白，这就是说，若皇上似乾隆爷那般的"马上之君主"，何愁上驷院衙门的品等低呢？而在当年进京城时，该院不过几乎都是草夫的品级，还不是康熙、乾隆爷给拔得高吗？御马？它御马、金马又能怎么样？

七话　恭贤王下野

　　打从同治小爷登基，往下赏的吃食与玩意儿也不断增加，还添置了鎏金马蹬、描金马鞍，还有纯银包嵌的箭囊。同治小爷出去一回，就得要牵出几匹御马来。小爷还不止一次问过，当年几位老皇上出门都爱好骑什么马，是"芦花青"啊，还是"四蹄雪""乌锥马"什么的。而他只喜欢"蒙古琪琪格"，因为乾隆爷画像里的坐骑就是那个模样。草夫叫许尔东的说："小爷就是小爷，拉住辔头就往马上蹿。那马平时老倔凛凛着，今儿可倒好，那叫乖得利落，我横是白担心了半天。敢情这龙与马那就是当家子，御马就是通情理。"其实他还有一样没说：由于谁来他都紧忙活着，所以被同治小爷特赏"见君免拜"，紫禁城内的侍卫、护军们，都很快知道了上驷院还有个"许尔东"呢，弄半天敢情是打杂儿的草夫啊。

　　说来也好笑，同治爷一开始来上驷院本是奔着布库戏法而来，而绝不是马厩。当时他冒充一个护军佐领，专意找人来比画。小爷虽有心却实无力。其实，他根本还不懂侍卫练的是什么，所以，上场他便输了。见他输了，晚到一步的我们可就真含糊了，既不敢哄他，也不敢搀他，因皇上没旨是不能碰的。在惊恐无措时，他倒没事人一样，掸掸身上的土，招呼人再来，可人早被我们"哼的哈的"吓跑啦。都知道是皇上了，谁还敢来？他却照直走过来，低声说："你得陪我遛遛，我可是富察家的大姑老爷，只要不把我摔坏了，没你的过失……皇帝诏曰——"

　　"得嘞——"这真是想陪也得陪，不想陪也不成，我心说，这下子完喽……很快我出了"真汗"……都说伴君如伴虎。其实，不如说我是伴君如伴"彪"呢……

但要是随便一个人摔了小爷，往往跟来的老公总会不依不饶："谁你都敢摔？忤逆！"这一声咋呼，能把所有人全吓傻吓趴下，再叫也叫不起来。全都在偷着仔细打量这身材高挑、白净面皮的小爷。但同治爷却会先抿嘴儿乐着，再冲小老公睐睐瞪眼，而小老公倒是动不动就跪下紧应着。结果还没等大家伙吓得趴地下拜呢，皇上便忙不迭起驾，匆匆去了养心殿……干扔下随扈的侍卫。而我只好赶紧甩了褡裢，急披上黄马褂儿紧跟着小爷再跑。众人再一琢磨，他都来了好几次了，总被当成内务府在乾清门的督察。大伙儿还怪罪我故意"装蒜"，我则最是委屈憋闷。不"装蒜"还成？为侍的最不能做的即是"暴露圣迹"，我敢说吗？

咱同治爷是白净小脸，因年少面嫩而显善，对侍卫从来是看见就笑。说："唉呦——你这么高啊——啊？你有这么胖！你忒能吃了吧？喂！哪天遛活，带朕去啊。"

他几次是乘宫内便舆，出内右门后，到军机处稍歇片刻后，又急出隆宗门去，众老公紧随其后，追往西边春禧殿。而那是端午刚过几天，穆宗刚亲政不久。

而平常总会有大臣告知我们，该去何处随扈。但这回却连个信儿也没给，我们只好也是紧随着跑，生怕丢了同治爷似的。谁料，刚追出隆宗门外，皇上又赶三关似的绕回到锡庆门，便舆后是一条长长的老公"尾巴"。所有人全得到了最没趣的口谕："奉天承运，皇帝诏曰，'你等这些个废物点心，只跟在朕后面，像大尾巴狼，现赏你等一干人自掴三十，钦此吧'"。

哈哈，这圣喻一传不打紧，凡追驾随扈的一干人，皆要立马抽自己三十个耳刮子，这可真是报应。我们这些人，的确没过错，而不过是去履责，但金口玉言，谁敢不遵？老公传谕后，我们便在乾清门前，先监督众人执法自掴。因祖制规定，还没人敢监督侍卫自掴，就算由侍卫大臣与"行走"监督执法，但也从未听说过因例行随扈而被赏与"自掴"的。为不失黄马褂的体面与威严，我等几个只好退进乾清门值房内，听外面值班大臣喊着："一、二、三——"数至三十，反倒皆忍俊不禁笑出声来。

"自掴"完毕，手掌被自己拍红，都道："万岁爷这主意不错，怕咱这站着犯困——"出门再找大臣呢，早跑到景运门，喝他那养生阿胶去了。

他实在是怕谁真的捆打自己。真这样的话，以后没人能搭理他，与其做黑脸大臣，还不如早自个儿卷铺盖回家呢。而这时又来了口谕："奉天承运，皇帝再曰，朕没说随扈侍卫也自捆……"

小祖宗！早干吗来着？我寻思，皇上定是想起来，过几日还要在紫光阁召唤我等陪他玩呢，大概有点过意不去。等同治爷真没了时，我们都打了个愣怔，掉泪了。只可惜了，我对皇上的念盼儿又化乌有。当我们在盖棺前与"龙"一别时，便哇哇地哭出来声……

俗话道"挡道的黄马褂，追魂的巡捕房"，上至贵胄，下至百官，见谁眼生，见谁不顺，我们都可以拦住，盘问去向、身份，再纠劾补服朝冠等，套您个底儿掉，连宗室也算上，不管三六五。也算得上是在这内廷的无人不敢不惧，无人不敢不尊，到哪里都会是响当当的皇宫侍卫。而巡捕房捕快从不在乎专事黑夜。

在禁宫内，侍卫虽分多种，但总起来还离不开值守。遇国事时，凡列于三大金殿、锡庆、宁寿、神武、东华、西华、端、午门及天安之门正门侍卫，都要例行穿黄马褂执事当班，以显现皇宫气氛，而下差时，便要一概脱下，不得随意穿着黄马褂出门禁，以避免冒谕矫旨。除非是再转到颐和园、西苑、新修后禁苑等，穿上即是奉旨办差。稍有别于其他等品，佩刀把儿上配明黄流苏或明黄丝绢，腰带深蓝色闪缎，辫子上也要用土黄杭绸条扎住，上值时，必穿黄马褂。若遇传旨时，必须列双人队，而单队列多是骑马或执差。

咸丰爷尚在时，乾清门侍卫是以门前砖甸禁地，包括辖通乾清宫的所有门户及宫内为主要辖域，兼本地周边执法稽查。并配合宫内对圣恭的来往随扈，是"皇上的脚印重千斤"。自"祺祥除佞"开始，因同治皇上年幼，不能单行，便少了随扈差事。待两宫娘娘"垂政"后，已换成老公的御辇与宫监技勇跟随。而有的御前侍卫，也因皇上尚幼，均被转到乾、景二门听差，多成为值班侍卫大臣，就叫："站过乾清门，扭脸儿是大臣。"

这么一来，所有侍卫真成了内廷的值岗，砖甸子横街内的脚巡稽查，得看管能看见的任何门户。不管是皇亲国戚、勋臣超品，侍卫都凭叫起儿拿牌子入内，还要验明是否符合其人，从不敢有任何疏忽。这里是只认腰牌不认人。当时的这些值守律令，大多皆由恭、醇二王亲定。并调派多个"散秩""行走"配合我们。尚年轻的醇郡王，常在景运门亲自当值。直到最后将侍卫分出六个大班，每班设亲军校，再分两什，设什长管辖。每什当值十二个时辰（一天一宿）后，再轮下班。内廷最严谨的门户，首属乾清门及景运、隆宗二门，再远至神武门内顺贞门，唯景运门是最高的侍卫处所，会整夜只掩不关大门。

再有，乾清门两侧的内左、内右二门，及南面保和殿两侧毗连的后左、后右门，连同保和殿北面云台门，共八座门户，最多要安排侍卫二百四十人，更换三班固定不动，而在禁城四门，也要安排计四十八人，各汛位也要到超出三百余人。西宫太后入皇极殿后，在锡庆门前驻扎了近六十人以上的护军伺候。用人最多时，即是年末国宴与两宫、皇上的万圣节，及隔年的三榜殿试、正月十五的赐宴蒙古藩王、公主下嫁时的宴请额附家人以及皇室亲王贵族及三品以上大员，及其之外等诸如此类国事。

常言道："老公是生事的衙役。"

光绪初年，临近岁末，俩老公挑担子送巨额赏银时，神武门侍卫却只在其中一人手心上，看到朱砂字迹"奉懿"二字。而当禁门笔帖式认为，应再添一个"东或西"字方妥。遂告之，没有文书，无法放行。当随便惯了的俩老公非要出门时，即被门前护军阻拦住。甭说他俩拦，仅凭空口担巨数白银出哪个门禁，也走不了他俩。

俩老公认为是奉懿旨办差，又有圣母皇太后（慈禧）朱砂手书，去的尚是北府，便不免依仗起来。更何况这俩老公，平日里与门禁嘻哈的，随意出入习惯了，从没见过门禁这么认真过。俩老公一个是在老崔辖下，而另一个是长春宫做气力活计。一对儿老公，都在倚仗武功，开始与门禁角力。在你推我拉的纠缠中，一老公有意无意地动脚，遂踢伤了镶白旗下一位老护军。这便致使镶白旗下所有当班侍卫，因护侍兄而即刻出手。将硬闯宫禁的俩老公，没头没脸地一顿暴打。

其实，自景运门接恭亲王令，暗自整肃紫禁城门禁以来，各等侍卫就没少找碴儿梳理老公。经常是"一见乍刺儿老公，侍爷分外眼红"，犯手上时，从不轻饶。这次再遇老公犯轴，众侍卫与护军便都来掺和，只打得俩老公是发辫脱落，鼻青脸肿，牙齿崩碎，满地找牙。最是年龄大的那位，被打得呕吐尿血，奄奄一息。而凡是来询问或劝解的老公，皆被侍卫护军打回去，宫门成了专阻拦老公的"门禁"。不仅是紫禁城内老公紧张不已，两宫皇太后尤为震惊恼怒。待值班大臣及内府总管，前来问询时，护军、侍卫便一口咬定，他们抓住了一对窃贼，还谏言要追查其后台。只是这句话，便决定了侍卫与护军非得倒霉不可。

当时，我尚在值庐内验收送来的皮靰鞡。等小蔓菁（要好的侍兄福生）风风火火跑来告知时，这才意识到要有事发。随即领命，配合派员，将犯案护军、侍卫一同捕拿，送至督捕司羁押。

这也算是小安子做的孽。他活着时，曾几次请懿谕，故意拿捏、修理门禁。常是带着一纸懿文，吓唬侍卫。但他死以后，却留下来一个乱摊子。连日来，各门禁已有多名老公被侍卫施以拳脚，勒令其出入门禁时，必须要低头忙行。而一出事，虽值班侍卫大臣皆与朝臣力保门禁，但天下最巧的是，偏又打的是安德海最早的"师父"。本欲放回的人，却因宫监处从中作梗，而屡被推迟。

宫监处争的道理是："神武门禁不尊圣母皇太后在先，太监全无过失，难道怪懿旨的不妥吗？"内适见受伤老公已气如游丝，垂危在即……结果，该案卷又返归懿上处……而此时又出了新岔。又有老公因腰牌遗失，被门禁拦于西华门。若在以往，由一同出行老公相互验明，再由熟悉的侍卫作保，最多不过是由宫监处来个首领，自会放行。但侍卫都认为，既然前边有我黄马褂被问拿的先例，那后面自然该着是耿耿于怀。便俩眼一概望天，全都装不认识。要进门？没门！都只一脚再加一句话："滚一边去！"

宫监处督总管牛气冲天的，前来指手画脚理论。而此时把门的，正是我侍卫中"混蛋透顶"的蒙古侍卫爷额克麻阿，刚做代理章京。他满脸横肉丝一彪，干脆不理。直将接人的大太监，急得是抓耳挠腮。央告了半天，老鞑爷一口吐沫吐在他身上，还顺手拔了一下佩刀。吓得接人的老公首领，转身即跑，生怕老鞑爷拿刀砍他……

额爷的气是出顺了，但两宫那可就全信了一面之词。转过几日，两宫太后便召集军机、大学士、御史、上书房等，非急着拟旨，欲将上次打老公的门禁，一律正法杀头，办他们个忤逆之罪，以此来警告门禁的大胆妄为。这是我朝自有内廷侍卫以来的，首次对门禁判"斩立决"，而无一是"斩监候"。欲拟旨时，众大员都面面相觑，唯全体军机大臣，一再苦谏并阻拦，联名劝两宫收回成命。恭、醇等诸王，为此还在养心殿争谏不休，以至于拟旨不成。此事在朝野引起轰动。我众多侍卫皆表示，一旦判"立斩"刑，便即刻请求返归旗营。直到所有的朝臣追着恭亲王一边倒，都力谏懿上，这才算是刀下留情。但对在案一干人，有除籍的、充军的，总算都打发完毕。

见没杀头的，这才叫我们松下一口气。和老公较劲，这回说是赢，又算输了，好在老鞑爷倒幸运，不在此议间。但诸门禁从此大松，谁也不敢招惹老公了。

没过几天，传来恭亲王下野的消息。恭亲王下野后，曾在多处栖身，连值年旗大臣、修缮、看护东陵的差都做过，说王是十起十落也不过分。我这茬儿侍卫无不拥戴曾被大家伙儿尊为"恭贤王"的恭亲王。同治小爷龙驭归天时，我们落泪，而在光绪二十四年（1898年）春夏之交，恭亲王驾鹤西去时，我与侍兄们无不恸哭。前去哭亲王陵的旗兵与旗人，在翠花山竟有万余之多。撒出的冥纸，将翠华山变成了好大一片落满"大雪块子"的"冥山"。

阿玛听护陵人说过，这冥山使得山上的飞鸟，几年不见踪影，连野兽都少了。帝师们自是敢抒情几句："冥山无翠，翠华皆冥。"

恭王灵柩归陵后，内廷也大发慈悲，均准允我各档侍卫、护军自愿前去哭灵、祭拜与守灵。而像阿玛等老侍卫，全跑到翠华山去抢着守灵。而西宫皇太后倒也圣明，将当年曾被发遣的被罚侍卫，重新召回归籍入近卫亲军——护军营，既往不咎。回头再想，还是王说得好："只要命在，自有公道，人不还天还。"待他们归籍后得知，当年，不仅是恭亲王下野是因侍卫而起，连醇王该收的银子，都被扣回内廷。就是因为醇王说的一句话："赏银能拿它换侍卫清名吗？"只此，皇太后最后生生地将其薪俸扣了整年，弄得醇王从此再不敢与我侍卫过密。远远见到我们时，总是借故躲开，紧道："啊，王忙公务，改日再会啊。"

而他却私下将布库场子搬到了北府宅邸。一旦我几个歇息之前，便会偷偷地给信儿，叫我们去。而在他家，他即便是被摔了，从来也不急。每回玩够了，他还会叫他自养的戏班子（恩庆科戏班），给我们摆一两折戏，权当是犒劳我们这几个布库痞子。还总说，谁喜爱，就常来吧。苏尔乐最是戏迷，他出门时对我说："常来？您这是亲王府（原来是郡王府）了，还敢来吗？"说罢我们几个哈哈大笑了一阵子。

常年在内廷执差，越加老练谙熟处事。后续来的侍卫一多，自然当出闲散来，别说不愿去四门转上一圈，就连盯差都觉得乏味。自同治年以来，我是百事不过心，只惦记吃喝练功，随日月轮回，侍兄们皆说我是"长肉的老虎——只醅睡打食儿"。

我却认为，毕竟咱这吃武行饭的，绝不能瞎操上至领臣、下至笔帖式的这份心。平日完岗归家，也学着和阿玛侃闲篇儿，并逐渐养成喝渗酒的习性。才知为何人一上年纪都会喝渗酒，这是要将白干儿酒喝出舒坦来，喝出旗人自个儿的喝法来，好在是，酒腻人不醉。我从不问关多少饷俸，只管包银回来上交老家儿。满洲旗人家，多是靠朝廷吃饭。虽隔几年，朝廷总赔银割地。乍听时，也一阵阵受不了，但知道酒为何物后，我渐渐麻木。也学着阿玛，开始趸成名老酒，逐一慢慢享用。像江南的洋河、豫地十里香、鲁南水酒、川渝泸窖，像莲花白、竹叶青、晋地杏花汾、稻花寨或江浙绍兴黄酒等，我应有尽有，唯贵酒渐为贵重。因南地多曲酒，北人喝不惯。而产自京都的老玉泉、穆林春、寿百福、高粱烧也多有存货。俗话说："一方水土养一方人，一片山民敬一方神。"唯独皇家酒坊，最对旗人口味儿。因头茬曲配御酒，即叫"御泉"，二茬即是后来喊的"二锅头"。而黄酒多是备做药用的引子。阿玛与我多年习武，难免跌打损伤，或伤筋动骨需使用黄酒做药引子。玛发虽传了我嵌针杏艺，但男人受伤，终归是躲不开的事。喝酒能疗伤，武行人都懂这码事。我也不知到底喝有多少个春秋后，将满口槽牙喝毁，诸位老旗兄，都先我一步作古。当然这是后话。

旗人对这酒可有说法，一个是急酒，另一个是渗酒。

喝渗酒与喝急酒，两种喝法，大有不同。老辈人总愿意几世同堂，吃"全乎儿饭"，但不能没酒。在额娘们看来，酒是给男人解乏的。更是伺候英雄爷们儿的。旗人不爱说好汉的"汉"字，因汉并不是满，便都"爷们儿"。历来好酒都浓烈香郁，度数居高，一口准呛鼻子。看酒好不好，讲究拿火镰引着火，对着蘸酒的匕首一点，就得蹿火苗子，这才是真正"烧刀子"。

小辈儿能上酒桌得到十六岁以后。几岁时，只要能坐稳在案前，开始瞎抓碗里吃食起，便会被阿玛用筷子往嘴里蘸酒吸溜了。待开始习武时，除当着客人虚让一下外，绝不会叫你沾一滴酒。为什么？这就是要等你出息了再喝。出息了，说的就是自己有进项，有家室、饭辙了。自出自归，谓之为"出息"。哪怕去做大头旗兵，那不打紧，只需抓紧时机建勋受封。只要是旗人子弟，总会熬出头的，因这国都是咱自个儿的。

像我这样"出息"的，大多是早拜师习武。若论家中的长子，更该"闻鸡即起"苦练武功。晚上因正事晚归，也必须是练武习技，相互切磋手段。若依照汉俗，到十六岁时，还要讲究"父母在，不远游"，而满洲人则最讲究闯荡。汉军将佐文武均具时，我们夸人家出息。而旗人自来的重武轻文，总说天下得来靠武；连清律都写着，十五岁适龄便必是旗兵。

早入旗营从军，是满蒙汉旗人的本分。若生于咸丰初年，国尚安稳，运气好也不见得升迁。若世道征战不止呢？哪怕做旗兵仨俩月，随便赶上一场不论输赢的狠仗打，立即会升职加品。加上老子再有承恩世袭的爵源，二十岁做到佐领、参领、署参领的，可大有人在。即便是不想高攀高就，但当朝自会提携擢拔。这便是旗人"英雄出自少年"的俗讲，道理都来于阿玛喝酒所得。

接下来咱再说说旗人房宅地产的事儿。

同治初年，老玛法嫌这南池子地带狭窄憋屈，建了憋气的"伦府"，便张罗去西山根去住。那是用老辈的卢沟桥畔的镶蓝旗田土，与别人兑换的一块薄地。

老玛法说过，祖上不在镶黄旗的缘故，是在乾隆年间，曾专赏赐富察氏族祠堂，为看守帅府园内老祠堂，而搬至大甜水井。当每年祭拜先祖时，也在此扎堆儿承继了祖产。等嘉庆爷冷落富察家时，只好降镶黄旗归至镶蓝旗。

溥伦字彝庵，隶属满洲镶红旗，隐志郡王奕纬之孙，袭封四子载治爵时称"伦贝子"。光绪初年，朝廷便选中东华门校场，并将所有草甸子，均围进后来的伦贝子府。居住就近的旗人们因恼怒没少祸害刚垒好的砖墙、垂花门及树苗。往水井里拉屎尿尿，则是孩珠子们最乐意干的事情，只因该府钻狗洞子，还没有闭关做锁。没盖伦府之前，老玛法在此常以骑马、射箭为乐趣，往来于西山与甜水井之间。而这有多进两耳出的四合院宅，共分六套院落。大院门口，种有数棵树龄二百年朝上的老槐树。他在前院种苞米、葵花子，后院又种上枣树、桑树。一天忽听风水先生说，院内不能种"桑枣杜梨槐"，便急忙又将枣树、桑树给连根拔掉，换了盆种石榴树。

也许这有道理。到如今，在紫禁城内，也找不到一棵此类树木。后又请人看风水，重将一棵枣树栽在后院。而甜水井的名讳，正是因为这胡同内有口极品水井，其水清澈又甘甜，则在前明时就有，并是专门给明皇子的奶娘饮用的吉水。相传朱棣的奶娘，也最喜好此水。后来自是称此水为大——就被叫作"大甜水井"。别人只好再挖一眼新井，便有了小甜水井。

若按额娘说法，她是特不待见此地。总说这井里有数不清的冤魂，和筒子河一样脏得可恶，甚至连王府井的也不算好水。这里从树到水井几乎都殁过人。而我这代人所见到的大、小甜水二井，却是后来为旗人吃水新挖的，水甜得无一点邪味儿，沏茶绝无水碱。不次于齐化门外红庙的甜水园水。虽我家宅院曾由先祖改建过，但明显能看出来，富察家族曾因住宅十分狭窄而分开居住，也许是离东华门太近的缘故吧。

这里本是四通八达。往北紧靠着菖蒲御河，那是皇宫里妈子洗衣的地方。沟沿儿有几座石板小桥，西邻东安门。乾隆年间，这里曾是很大的教场，是比画布库戏法的好地方。从来的规矩是"只许交手，不可伤人"。直到咸丰爷时，这里依旧是一处宽广的校场。住附近的旗人可早晚溜溜坐骑，叫马在此兜圈打滚撒泼。而无论老少，皆会米这里卧腰、踢腿、抻筋、拿大顶、较较胳膊根儿，打打把式。孩珠子都会在此玩"尼楚赫"与"赛维虎"或抖空竹、放风筝。当朝还将御河水疏通、引出、人洗马饮。雍正年间，这里曾被当作考武状元的"分场"。

八话　王府吞校场

自从在东华门校场奠建了"伦贝子府"，就连老年间乾隆爷立的"下马"石碑及饮马石槽都被扒掉了。生将宽绰的草甸子校场圈霸于贝子府之内。伦府内木库在尚未竣工时，总接连失火不断，上坨梁时，还砸殁个大木匠。只好再请风水先生目测，更拉来僧道作法贴符，但仍屡次失火伤命。根子到底在哪儿呢？恐怕只有居此地旗人心知肚明了。于是，伦府揽包了几个饭庄，请遍旗邻喝酒吃肉，从此便祸事减少。

住就近的旗人明白，这是人祸所至。伦府也想给沿街旗邻多少补偿些片瓦。先是给我家，加盖出一套狭长的套院儿，作为占地补偿。因旗人都爱面儿，为安慰大感暴怒的老玛法，全家便天天极尽念叨伦府是如何知仪达礼。但阿玛却压根也从不进那清冷憋屈的小院儿里去。最后只好将院落更改成马厩，当夏便将街邻熏得够呛。

我愿和此地的正红旗人共街而住，但绝没敢忘对伦府的敌视。旗邻都竭尽诅咒："伦贝子，修了府，不管三六五，旗内称老虎。"若遇来人打听伦府在哪儿，立马会有旗邻回："想打听伦贝子，先问问轮废子。"别人若再多问，即会听到孩珠子的一串谤谚："伦贝子殁，伦贝子昏，又着火来又闹瘟。"这往往使找人者，不知如何是好。其时溥伦正给皇上（溥仪）做伴读。阿玛总笑说，他少打不了"喷嚏"。

玛法总钻着牛角尖："若没我富察家世代从龙尽忠百年，您哪有这机会挤对我们？"其时，我早知伦府失火与老玛法等老者极有关联。在旗人家中，多有陈年的兵器。您比如，随便用一支捆有火绳的箭镞，只需浇上桐油，点燃后射出。只需一箭，便可点着湿木头。再比如，将一只本该抛弃的鸽子，拴上一两尺的火绳，当飞至某处时，立刻用弩射下来。于是，这鸽子也就成了"火攻"的利器。而这些老家伙，多少年的沙场经历，什么不明白？却守口如瓶，佯装与此事无关。其实，不过是为要面子赌气，再加上解气罢了。从此，居地旗人遂与伦府结下死疙瘩。而随着伦府墙后饭铺的开张，阿玛一回城，便常聚老友来此喝老酒，边喝边数落伦府的"罪状"，众多孤老旗人，必应声附和。等喝多后，便开始围着伦府骂大街了。

后有街探捅到都统衙门，本旗便委派人员赶来高声申饬这些没掉完牙的一群老把戏。虽资深卖老，但被申饬毕竟没脸面。用玛法话说："咱惹不起可躲得起。"去香山前，嘴虽还硬，但老几个都伤了心。均是追随故皇旧帅的老旗兵，总觉得这事窝火。结果，真正倒霉的是饭铺，被伦府拆了完事。但伦府仍失火不断。里面乱成一团糟的在救火时，府外却响起了幸灾乐祸的鞭炮声！"叮！咚！"

随着年龄渐增，便会发现我满洲世家子弟因奢华而引出的浮躁奢靡。额娘说我是受了那些新贵小爷的影响，而至虚火上升，累及脸上起疙瘩，恨不得也找碴儿和谁干一架，但却又很少有谁招惹我等。而系黄带子的小爷儿们在胡同内大兴斗鸟、斗鸡、斗油葫芦、斗蛐蛐、斗鸽子、斗狗，甚至为明妓暗娟的脸盘子亮不亮而争论不休，发展至在校场上公开斗布库戏法、斗刀枪。若输，准干仗。打急时，自然是先动棍棒后动刀，这哪有不伤命的好事？这架打得九门提督及大兴府衙无不头疼。即便我上下值，也常会遇到小爷儿们成帮结伙地前往四九城门内外墙根儿去约架。更是常见刑部侍郎，总不断跑进宫来告状。刑部告宗人府不为，宗人府反说刑部执法不严。最后两家联合在一起，只好开罪于地方官大兴府尹。

嘉庆年间，千余黄带子[①]曾被皇上责贬至盛京，皆成了披甲奴，只能去打仗而毫无待遇可言，于今还在那落魄不堪。因宗室晚辈胆大妄为，致使常闹出人命来。那回是汉军镶黄旗副都统的公子，带头聚众误伤了曾帅汉军水军提督老泰山人命。若按过去，赔些银两，也就罢了。但这会儿，湘军正与太平军鏖战不休，水军提督的一张状纸，被刑部、宗人府当成了大

① "黄带子"成制于顺治十八年（1661年）。是历史上成为清朝宗室的特殊标志，俗称"黄带子"。亲王以下宗室皆束明黄色腰带，以示宗室的尊贵和地位。素来有"腰系黄带子，杀人不偿命"之说。清人关时，黄带子是清王朝的中坚，堪称清王朝的国之栋梁，享有多种政治特权和丰厚待遇。仅以亲王为例，除了每年可得俸银万两、米五千石外，还可得庄园田地五六万亩，庄丁二百五十户。清刚入关时黄带子只数百人。经过顺治、康熙、雍正、乾隆几朝几代的繁衍，至嘉庆年间，黄带子竟已多达数万人之多。清王朝规定，黄带子的官爵世袭罔替，但能接替爵位的只能是长子。也就是说，一门黄带子，除长子外，其余的儿子都是闲人，又称闲散。

事，是又赔银子又捕人。抓起来几十口，打算将几个秋后问斩。

等真要行刑时，恭亲王可犯了难。

其王子载澂贵为贝勒，是有名的"挂色儿"黄带子。而"挂色儿"则是旗人对有黄带子或有背景人的称呼。因其是京城混混们的"主心骨"。常被犯了事儿的黄带子咬上。这回又赶上恭亲王二进宫主事。若在平日，论杀多少草民也罢了，甭说去菜市口，即便是骡马市，也不必发愁。但皇亲国戚谁不护犊子？这便是麻烦。不杀，行不行？那天，恭亲王叼着水烟袋，在乾清门值庐说起了烦心事。不料，我不知怎么突然冒出了一句，"庶民同王子……"这是我偶然在几年前"秋斩"前，一个大学士赌着气正从南书房出来，因刚与别人争论未休，他劈口即问我："老百姓造反为什么？"

我顺口答了句，"大概是……徇私吧……"心里说，您问我，我又问谁去？大学士立刻说："对呀！庶民同王同苦同乐，方得天下平安哪……"

正在吸水烟的恭亲王一听我讲，猛一拍大腿，"对呀，得平民愤啊！在骡马市问斩吗？""别介您哪，那还不如去菜市口呢。"说完我就后悔多嘴。

"真砍脑袋瓜子？那他这一族不真恨死我啦？"恭亲王自是为难不已。

我凑近道："这得去请教督捕司，才能'驴槽子换马使，两全其美'，准能成……"

"不就是早给他们个信儿吗？留不留人？……得先把他（犯事的人）吓唬走再说吧……"话说完，他急忙撩补服扬腿急奔，水烟袋却落在丹陛上。我急着喊他："王爷，水锅子——"

他头也不回道："赏你啦！"他直奔养心殿去了。没过几天，问斩首批人犯时，即在菜市口"杀"了两黄旗儿恶少。这皇榜在城门一张，是大得民心，能听到外城的菜市口一带鞭炮声响。其实，到底杀没杀那个黄带子小爷儿，小老百姓是谁也说不清。

阿玛说，旗人不仅看着恭亲王主事是否端正，还看他是否护着其子载贝勒。

敢情是这样！事后恭亲王却请了客。

而我们中的奥尔得，却总一再请战出宫。可恭亲王却说："你们哪里懂得……要与列强作对，既要韬晦良策，也得要一忍再忍，不然会祸起萧墙呀……国若没一个甲子时辰，难得强大富甲——今儿晚上东安门外开夜市啊，都想吃什么呢？"看来国事压根儿是叫恭亲王头疼的事情。

"吃……哈什蚂……"奥尔得力是顺口而言。"得，就吃哈什蚂，咱旗人吃的东西……本府有几个也来凑热闹，订好座啊——"他支使随侍去安排靠做哈什蚂而扬名的铺子。那里不仅有丰糕与黏货多种糕点，而且还会人手送一小盒儿艾窝窝黏作为光顾回报。

每次恭王匆匆下野不主事时，我们便像是丢了魂魄一样。渐渐地连醇王也开始少见，我们也懒惰起来。这不怪我们，是因谁若勤俭认真，反招惹领侍大臣的白眼。平时见后宫的东、西两街筒子的太监、苏拉扎堆一起忙碌时，我总觉着，这站桩似的把岗，绝对是大材小用。在无人上下朝时，我虽不偷着打闹，但也要相互比画拳脚。再逢遇六、见九时日，在箭亭南边轮拨活动一时辰筋骨，举举金石器械，扯弦比梅羽箭镞，但觉是百无聊赖。我们开始懊悔，拿着月十几两薪俸，是空有盛誉。而满朝文武臣，都开始在背地喊我们"黄包袱皮子"。

每当后响酉时正点，大小老公，自内左、右门出来，力拔尖寒鸭嗓儿，高呼呐喊"下钱粮喽"那会儿。我们几乎是在同时辰想到，又挣到了今日的饷银，但也叹息又白混了一天。难怪有人说我们是"穿皇家、吃皇家、混皇家、皇家有难最败家"。败家是瞎扯，但有时是忙一整天，又总觉得没做正事。

国事一紧，军机处的朝官就要忙碌了。一日，无意间听见传言，西方纷纷侵境租地，朝廷反倒是花大心思琢磨多收税。

我也曾幻想过，若要在沙场上，砍砍杀杀地挥刀搏命，凭本事得到这官职等品，倒也不亏良心。而今的宫联皆是一夜所得，来得突骤。我也明白，只凭借一身武艺，在现实也难成气候。而像《三国》里那吕布、张飞、关圣人和赵子龙，我早就耳熟能详。在早年间，我朝常是举着关公圣旗，皆势如排山倒海。阿玛最敬仰关圣，但有回私下却突然说了一句话，令我不知所措："死了便是成仙吗？不是在说笑吧？"

在内侍众旗兄中，我最羡慕的是同门为侍、主笔杆子的郎笔帖式，他不仅熟悉众多文臣武将，并多结为莫逆。若再讲出《三国》《水浒》《西游记》来，从来是回回段段地呵成一气，后再加上些自己的说辞，总叫我这些"武犊子"服气得五体投地。再就是，他说的故事中的人，许多是眼前活的真人，是在面前规规矩矩、总被盘查询问的朝官。比如，像曾国藩、左宗棠等常被满洲小卒看不起的文臣武将，竟被赐双眼花翎，其名威震满洲，战败令我朝皇上头疼的太平军——洪秀全、石达开等。这些耳朵都能听得磨出膙子的人名。在湘军破南京城，曾国藩来京受封那几天，当日礼炮响彻皇城，胜过万寿节的响动。他将天朝救出了水火。

黄马褂在老公眼里头，一向是极其可怕。别瞧都在内廷，可大都以为我们每时每刻都紧挨着万岁爷，满当是总陪皇上聊扯闲篇儿呢。有个长得跟个小妞子样的粉白脸儿小老公，一天竟问我："大侍卫爷，跟您老请教了……万岁爷和您同在刻龙桌上用膳吗？"

我心说，毛孩儿老公还不好糊弄，便煞有介事地说："嗯，不全在一个龙案上。"

小老公立刻请双安道："小奴懂，是万岁爷的膳皿太多，得多儿张龙案才行。"

从此，小老公见到我，总要甜甜地叫上一声"侍卫爷！"想到旗内这年岁的孩珠子还在大人面前淘气、撒泼打滚呢，叫我不由得心生怜悯。但很快，满洲人的优越感油然而生，立即拔直了后脊梁背儿。

就说那敬事房，曾是康熙爷御提字号呢，但不管何时进去，里面的人就得敬着咱。进门也得先要给我们倒水儿端茶地不敢怠慢，然后，再打听有何公事时得照样客气地称爷。进上驷院便更不客气，这里没黄马褂穿的侍卫成把抓，他们一见我们，先急打探是否要用御马，当得知不过是例行公事，他们便悄悄对我们道："皇上年少，您几位用马尽管说话，这几年，皇太后总要送洋人好马。"其实，我们去那只是想看看刚进宫时在照壁前的那块布库草甸子罢了。而年长那几位，真怕少皇上哪天要马骑。要知道，咸丰、同治爷虽都是养马惜马，却总是难得骑一回御马。就算隔年秋操，也很难听到皇上骑马狩猎，或舞刀弄剑地秋狝过一次。所以，我们最踏实的是，不用像别人那样经风沐雨。

"侍卫亲军，虎扈帝君。"咱牌子大得像老虎，招人敬怕，更招阿谀。我头一次回家未坐稳，就被本旗佐参们拉去吃酒宴。而老玛发与阿玛还在糊涂着，平日旗内素无交往的能有谁来搭理。结果列座在位的，皆是原善扑营的镶蓝侍兄，一个都不少。而只有在今天，镶蓝旗才遇有百年不得的隆恩。西宫皇太后自是这甜水的源头，而恭王便是这开闸放水的恩公。酒席中只听得喝高的镶蓝参领们大赞："圣母皇太后千千岁！"我若非在善扑营练就一身牤牛拙力，又赶巧在"祺祥政变"时托恭王福，不过是考了次武科，再算上咸丰爷秋操金口夸咱，如若不然，我还真不知道还有这兵不像兵，官不像官，兵吃郎俸，官做门翁，活活能把人给艳羡死的美差。

酒桌上一参领言道："这不光是要念及西宫眷顾、恭亲王爷器重，当最念及富察氏先祖从龙入关，代代皆出能人的好处。"

没几日，除夕到来，整载辛苦总会换来年末意想不到的"年礼"，这往往会给单调的值差带来无比慰藉。当年夜炮仗和礼花点燃时，我便忘了经年劳累。而有最大响动的便是正阳门前那如雷的节炮和焰火。冬至节子时许，焰火、炮仗就曾惊彻京师，而乾清门前入夜后也是一直炮仗声不断响起。而在哈德门与德内放的却是无子响炮。

为防禁宫内失火，除夕年三十亥时起，我们要分别登上禁城四角楼。再爬上太和、中和、保和殿等高殿金顶，专人监控明火。借走筹时，再登上各门楼。观看焰火那会儿，心里那个乐呀，此时周身与内心，皆会充满作为皇家侍卫的骄傲与荣耀。面在年节去爬高观景致，即可回家对屋里或膝下白话说："我今儿上煤山万春亭啦！"家人自是羡慕之极。再将宫里专送的小虎头帽、小如意儿，给孩珠子"压祟"，膝下儿女高兴得蹦来跳去。而萨里甘最惦记的，倒不是吃食好歹，而是几匹正儿八经的绫缎。侍卫的吃喝是旗人年景好坏的皇历。看我平时花销，即可看出我朝的阴晴圆缺。

"二月二，龙抬头。"历来，禁城内与京城的旗下之人的二月二，压根是要吃窝头的，但不一定非要吃玉米面做的，旗人叫它棒子面，老旗人依然叫苞米面。我们能见到的所有谷类，在内廷里都会被蒸成大小的"窝头"。有苞米面的、白面的、小米面的、绿豆面的、黑豆面的、黄米面的、榆皮面的、栗子面的等。而不同面的窝头，都会有不同的说法。

当端上来那一刻，老公会字正腔圆地给上一嗓儿："玉米栗子面的窝窝头，健脾克食——全麦面的，养心润肺——小米面的，补脾补虚——绿豆面的，败火清毒——黑豆面的，补阳温肾——黄米面的，和脾暖肚——榆皮面的，和肝易胃——栗子面的，补脑盈髓……西宫皇太后赏赐——"没有几天，内城便到处在兜售栗子面窝头，都说是圣母皇太后的御用膳食。

进宫多年，哪年都得带回大兜的各类"细面儿"窝头，给家里尝鲜做点。而家中往往也在前几日，会由内务府送来散碎的各种像苞米面、江米面、糙栗子面及黄米面等面，作为过二月二蒸窝头的物事。旗人家不论大户小门，都讲究自己做吃食，且大多做得非常之精细灵巧。

东宫殁后不久，和我很要好的值班大臣乌拉三福，也很快更换差事，出宫去守皇陵，就因为姓钮钴禄氏。而此姓氏也渐渐地在内廷减少。倒是听乌拉三福说过，若在过去，每年修缮紫围子的琉璃瓦时，都要由他玛法亲自攀爬上去，专事查验是否牢固。尽管其玛法多次禀报内务府，言说，在大墙头上绝不该有路可走。可一位位的包衣掌柜子，历来都不听他的话。且乌拉三福也随了他玛法，不仅人很讲义气，且身手好有轻功，能在两丈高的红墙头上翻跟头打把式，敢用双脚钩住墙头，并大头朝下地悬挂在高处。

其玛法在嘉庆年间曾立过奇勋，和当时还是皇子的旻宁（道光帝）一同平定了林清闯宫之乱。当时，见到几个贼人已潜入内廷，旻宁便命侍卫分开去搜索闯入者，只把这位守值隆宗门的亲兵，留在了身边，而都未料到，已钻入御膳房的二贼人，早换上伙夫的袍褂儿。躲在房内的宫女、苏拉，却因惧怕歹人，没人敢吱声。设若那当口儿，贼人一旦捉住旻宁，事态可就全变了，也许就没有了后来的旻宁登基坐殿了。而三福的玛法，正是在红墙之上发现了贼迹。当即在养心门前的御膳房内，操起利刀快刃，即刻将俩贼人双臂砍断。就因有这本领，新皇上爷登基后，便旨令依照其玛法主张，将所有红墙上琉璃瓦缝里，放置尖锐的碗碴儿，以防万一。这一出事，臣子们是各个都当面应允，这回三福阿玛的话管用了，还不断连升等品官职。

三福的玛法立了功，直升调至海防做管带。而从护军校尉，连升多等成二品大员，其官品硬是翻了一大番。还将十二岁的嫡孙乌拉三福，送至粘杆处先学喂鹰，后管宫廷犬。他养的鹰雀，只需吹声口哨，一定飞回他身边，前来与别鹰争宠吃醋，这皆被我们视为神奇。早些时候他常与我等"凑锅子"，且饮起酒没完没尽的海量。他既会满语山曲，又熟知蒙古牧歌，有他奉陪，皆能喝个开心不已，是我们的"开心豆"。我们叫他"鹰靶儿、狗靶儿"。他养的各类御玩，小到松鼠、小猫，大到老虎般的獒，都被他打扮得着衣戴帽，分出"小子""姑娘"来，花里胡哨并镶金嵌银得无比铺张。咸丰爷御驾热河后，他只领走了几只鹰与狗作为伙计"伴驾"。

谁知没来得及带走的，留在宫中的獒都不吃不喝，待他回来后，早殁了大半。他这一伤心，便发誓决不再养，并将所有的"伙计"都书上名讳，送到狗神庙去焚香祭拜。待两宫问起，何不再养些时，他非到侍卫府来，在此做值臣一干多年。谁都说他是养大獒养出了脾气，是沾了狗神的大光。钮钴禄氏是上至王品，下至护军，满朝廷曾处处粘连值事，所以他消息来源甚多。常是借其嘴甜无比，落了个好人缘儿，谁都待见他。但其最大的毛病是，喜好嫖妓，不媒婆萨里甘。朝中一严饬，他便打歇装几天洋蒜，但过后是该干吗还干吗。他的银饷皆扔于外城的鸨院青楼。而其住的东华门骑河楼一带，有多处宅子。

甲午前，河工在颐和园挖河积存瓮山湖水，朝廷打算在昆明湖演练海军，也顺势修缮京都河道，并将水路皆连成一片。我路过颐和园时发现，这是有我等海玩儿的好地方。

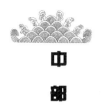

中部

富察·多尔济的忆述

溥仪曾叫旗人多济"武把子"

富察·多尔济简介

富察·多尔济即阿巴力翰之长子，十五岁进入善扑营，致力于『布库与太极』等武术的融合，曾多次在紫光阁格斗表演并受赏。因被清廷认为忠诚可信一再封赏，最高晋至乾清门一等侍卫。他历经『中法之战』『甲午战败』及『八国联军陷京』，是率领最后一批侍卫、护军退出紫禁城的人之一。末代皇帝溥仪在《我的前半生》中提及的『旗人多济』便是此人。他是非常典型的主张复辟保皇派，曾被小朝廷封为内务府员外郎。

一话　旗人多尔济

我富察·多尔济，靠着阿玛和玛法，进内廷依然顶替乾清门侍卫。其实，我还背了个累赘——我二弟富察·多尔奎。

还没等阿玛退老，我便因在善扑营箭廷的"内考"中拔得头筹，依旧沾阿玛的光，荣封至乾清门做侍卫。虽稍辗转，但总算是武途顺风，阿玛倒是更加谨慎起来。我便常被阿玛等老侍卫，费尽心机地想辙给打发出来做随侍。

先是随扈慈宁宫的那些个真正的"老祖宗"。她们多是咸丰爷、同治爷的嫔妃。于是，对我来说，随扈一群长辈嫔妃的差事倒也合适。打头的尚年轻，恭肃皇贵妃与孝哲毅皇后，二人为姑侄，曾同侍同治爷。姑姑比侄女还小三岁，尚健在，常住慈宁宫，且最喜欢去西苑登临琼岛。光绪十一年（1885 年），朝廷重修三海时，在西北岸沿湖铺设了小铁路，并在静心斋前修建小火车站。因西宫太后嫌弃其吵声颇巨，便只余下一节车厢，由骡马或老公拖拽。但老太妃们都很是喜欢坐上面游玩。

我等顺山道先是爬上白塔，陪太妃们拜过佛舍利。在她们歇息的那一会儿，然后再钻进三希堂东边的八仙太湖石洞，去藏猫儿。谁知，倒霉的神机营小兵犊子，见我等满身泥污的在山洞里钻来钻去地疯跑，便以为是歹人入园，皆如临大敌般立时吹鸽子哨，集结营兵前来捕捉。我等便开始和他们玩起捉迷藏来。阵阵虚惊后，我等皆大呼过瘾，还脱下黄马褂，真真假假地和小兵们干了几架，将他们打得落花流水，只剩了招架。等小兵犊子见到了我们身上的黄马褂时，便跑到园卿那儿去诉苦告状。说我等拿太妃说事，违制并糟毁园子，还欺凌旗兄弟。

老太妃们都是"别卡子别到肉里去了——各个比着调皮"。而逗逗园卿们也是她们的乐子。在西苑①、颐和园、南苑海子等，主事园卿多不过三品朝员，而紫禁城侍卫大臣属从二品，谁低谁高先不说，他们心里自明白。我等这些个头顶翎子又着黄马褂，是谁也不敢招惹的侍卫爷，而护军参佐们做受气包儿早习以为常，更别提大头兵了。

不管哪个园子，一旦有哪个"高枝"去那里遛弯散步，特别是年长的前朝太妃等，那就是他们的吉利事。再说，老小孩儿老小孩儿的，五十岁的老太妃又纯是老孩珠儿。她们久居慈宁宫，在那里不仅是萧条冷清，也都是一个个的寡居多载。她们整天烧香拜佛的，没一个不是浑身的藏香味。当走出禁宫后，遇我等这些晚辈孩珠子调皮捣蛋，便好是兴奋。动不动常看见什么都拍掌称快。再一见护军小子们"蹬鼻子上脸，给棒槌认针"，被遛了一遛儿够，还往往会挨我等一顿小打，就更是兴烈万分。

数那恭肃皇贵妃的兴头最高，多是一个劲撺掇我说："揍他们，打了就打了，占便宜有咱呢，要吃亏，姑姥爷儿我可不管啊，乾隆爷说'胜者为强'啊！——"她们是一个比一个更能煽惑，常是满脸通红意犹未尽。特别是出主意，叫我等惹完了护军后，再穿上黄马褂，在那装作没事人。玩此恶剧时，还隐约可见她们年轻时的风韵，尤其是我富察家那一位敦宜皇贵妃，最是笑得前仰后合。

结果，太妃们反倒成了我等的向导与领侍。那几位随待的小老公，将她们哄得是叽叽喳喳地笑声不止。她们念叨说，别瞧这团城不大，还曾是个小岛，忽必烈曾在这拉满弓向东射御箭一支，从此便有了现在的大内宫群。忽必烈命人在岛四面围石垒墙，盖仪天殿并赐名"圆城"。历代皇帝都喜欢西苑的"一池三山"。管此处的水叫"太液池"，琼岛呼"蓬莱岛"，团城即是"瀛洲"之首，仪天殿又叫"瀛洲圆殿"。古时团城四面环水，东有木桥，西为吊桥，桥中间备双舟作为依靠。明成祖朱棣重修仪天殿后，此处供皇帝、皇后等观节日焰火之用。东西侧建起金鳌玉蛛大桥。

见我等年轻好动，特别是遇水则更欢实，尽管西苑不允许随意凫水，

---

① 西苑：现在的南海、中海与北海的并称。其北海位于北京市中心区域，城内景山西侧，故宫的西北，常与中海、南海合称南三海。这里原是辽、金、元建的离宫，在明、清辟为帝王御苑，是现存最古老、最完整、最具综合性和代表性的皇家园林之一。北海公园继承了中国历代的造园传统，博采各地造园技术所长，兼有北方园林的宏阔气势和江南私家园林婉约多姿的风韵，并蓄帝王宫苑的富丽堂皇及宗教寺院的庄严肃穆，气象万千而又浑然一体，是中国园林艺术的瑰宝。而在清代，地位等同紫禁城，同属皇家禁地。

但老太妃们馊主意挺多，假意是将我们推下海子去的，这样在天热时，我们便总是在海子里泡着。瞧我们一个个游来凫去的，老太妃们说这是返祖归宗，是长生天原定的，满洲人本就是水獭子嘛。而园卿只好在不远处盯神般的伺候着，绝不敢慢待疏忽丁点儿。

待回至内廷后，我等几个便借助工部勘测的"御水图"，仔细琢磨起各花园中的水来。禁宫内水，由筒子河流入宫墙地下水关。再溯源处还有股水，是从景山西门下水关而来。外金水河直接从西苑南海而来，横穿天安门的御桥下边。据某个大学士讲，在天安门前，于菖蒲河望恩桥那儿，曾各有一座桥，分别叫牛郎桥和织女桥。当年不知是旧明哪位皇上，夜里做梦总和他早夭的宠妃相会，却怎么也不能靠近。妃子托梦说，只需在宫门前再修五座汉白玉石桥，便可在梦中团聚。果然，在外金水河建桥后，皇上真能在梦里和妃子相会。信与不信没关系，但听着挺有味道。

而此类旧话儿在老公、宫女儿堆里，谁都能讲上个没完没了。都道是，天安门是上天安排之门，汉白玉御桥也是因天意而成，栏杆即是白白的一道银河，而地御桥是老话常讲的鹊桥，至于像石头狮子及华表上的朝天吼的说法便更多。听说在顺治年间，御桥前曾摆放过一排大炮，现在只剩了两对儿。一晃儿，等到后来我再去天安门前转时，即是庚子年以后喽。才进长安右门，见大清门北千步廊一带，被八国联军炸得稀烂一片。两对石狮，后来也拉开了尺码，听说，原来的早给联军当靶子给炸烂啦。我扒着看过，果然不假。最早被李自成砍的那刀印记，原来还真真的，但现在还真就没见着。

虽贵为乾清门侍卫，还会有"外快"可挣，这原是我从未想到的。出于讲究排场，皇亲、宗室与王公们，经常要黄马褂侍卫站脚助威，必得花银子打发。我等和景运门大臣三三四开分钱，我们各落三成，四成交与内廷。

谁请就要花一份雇用银，而侍卫府可绝不含糊手软，从来是照单皆收，毫不客气。甭看景运门的值臣，似与内府是平品平等的衙门，但总要让着景运门大臣三分。我等是"守着芝麻地儿——没油味儿也香"。宫外传进来"皇城耗子比猫大""皇宫的老鸹——自有祖宗杆子上的食罐子喂"等许多闲话，其实，都是背地在奚落我等。

但像"皇宫的御猫猛于虎"这些话，我等倒是听着贴切得意。

作为年轻侍卫，许是见世面还浅显，皆玩心太重。眼前，最盼望的是，即刻在紫禁城内疏修河道。由于当年中法、近年中日战事危及，工部总没钱清修河道，紫禁城内外水路开始污浊不堪。光绪二十三年（1897年）春内府传来信儿，今夏要疏浚河道了。

禁宫终于等来了河工。在外人看来，我等侍卫这回要专陪外埠农夫们辛苦受累了，但连大臣都想错了。由于怜惜我等晚辈亲兵，即调进多名护军，协理参与看管河工。而在此时，两宫早已于夏起儿，去了西山的颐和园。这时候，会因挖河暂停，我等跑颐和园外值，既不用来回跑冤枉路，还能多睡多玩耍。再者说，内城六海子水都会干涸，在宽敞无比的河床上跑马射箭，踢跤比试，能玩疯了。

河工来之前，朝官改道，都奔了颐和园听起儿。没了朝事，禁城内也开始安宁。所有的执事，在内外朝也随意起来，皆开始不受管制，我等自是"孙猴儿甩翎子——不美也美"。驰援的护军旗兄们，多能代替我等极为认真地值差看人，这使我等好像真成了带品够角儿的大命官。护军从来是言听计从，常见面的熟人，彼此会更通气儿近乎，时常冷落了当班侍卫大臣。而所有河工对我等，更是恭敬从命，做起活绝不敢马虎半点儿。谁进来也得听话不是？而河工们都说我等才是传说中的皇家亲兵，即皆会飞檐走壁、无所不能的——大内侍卫。河工刚到时，我等在三大殿后的乾清门前一带，开始还真事似的于白日增防，以严防河工内有不法之徒。但因两宫已去了万寿山，所以没几天后，我们便可在内廷开始大声吆喝了。致使进宫办事的官员在这会儿也是最乖不过，并不断常来向侍卫府大献殷勤。但凡看谁不顺眼的，便故意将仅剩的两位班大臣喊得奔跑往来，出一身的臭汗。此时也正是内务府与宫外官员勾连的好机会，但总被我等故意吵得无可奈何。侍卫大臣早就叮嘱，我等要将内府人行踪记在簿子上，以盯住其有不法伎俩。

历年修河竣工后，内廷总能靠笔帖式的流水账查出内务府中不法。他们常借此机会，营私舞弊，什么砖瓦沙石、木料大漆等，皆会成为他们觅钱的物件。护军同我等相互联连，且拿监督河工、看守禁城当作一件天大差事来做，可谓不辞劳苦。领侍卫大臣在这时，会根据我等褒奖，给其护军增加赏银。只可惜，参佐领们都会先克扣下大头，只给护军每人百十大子儿，将将够买散酒喝。不待底细透露，护军们自会门清。很快查明白，这不过是没出息的佐领从指缝儿漏下来的锱子儿。为此，护军常是成群结伙，指桑骂槐的，并给佐领甩脸子翻白眼。但第二天照旧得来，不来酒钱还没了。护军薪俸少——每月才不过三五两高低，如遇战事才会增倍。若比起我们，实为清苦不堪。

由于护军不熟谙禁内的门户殿堂，往往被我等支使得四面碰壁，走冤枉路。这也怪我等常拿他们打镲取乐子。黄马褂儿的鲜亮颜色在太和门前最为扎眼，河工总用慕神般的羡慕眼光紧追我等背影。仿佛我等皆是天天能与皇上住在一起似的。而护军则认为，尽管我等常是"站着说话不嫌腰疼"地瞎支使人，但总比本营官佐和蔼可亲，便拿我等的话都当了"圣旨"。他们也常对河工说："这可是黄马褂说的啊。那褂子可绣着隐龙呢。"为此，河工常有意凑近，仔细找寻隐龙图案，个个咋舌赞叹。

时值赤日炎炎的夏季，我等见不得护军在暴日下一动不动值守，常更改原定值位，将其调往有树荫的地方或庑廊下。再从东华门外那堆积如山的西瓜堆内选定出大个的给他们解暑。而护军则相敬如兄，相互分均。旗兵间多情同手足，参、佐领们一旦做得过分，他们会聚众给脸子瞧，狠杀官长。

我等乐得与河工交往。这会得知许多天南地北不曾听说的事件，如：哪哪儿又发了水灾、闹了蚂蚱啦，哪又有因吸食"广土"而杀妻灭门……诸如此类，不胜枚举。河工都是外埠人氏，并不会怎样地斯文聊天，有口饭吃已纯属满足；即便是住家最近的包工头目，也得是住哈德门一带，皆是工部官员的三亲六戚。若是直、热、鲁、豫、察哈尔的木瓦工匠，皆是由内务府招贤而来。

在工匠内，手艺最高超的，属鲁南石匠与香河木匠。俗话说"南木匠细致，北木匠大器，西石匠遮丑，东石匠垒基"，紫禁城用人，都是用能工巧匠。借着修疏宫河，还会将京城内所有河道修缮一次。而三大殿与内廷的宫殿，也要即时缮新，褪色的红墙金瓦，也要尽快再使之焕然一新，再现其神韵。

河工们极为怕官，因不识得老公，常动不动便跪地答话，乱行现学的叩礼，死活也拽不起来。他们向来是闷声悄语的，极累时也绝不敢坐歇一会儿；连回话，也不敢放下手中的锹稿铲具及扁担藤筐；偷吸两口烟，还要躲到御桥下面；对护军说话仍要哈腰深鞠，对我等更是毕恭毕敬。但老公们却对护军与河工尖刻得要命，总催喊吼叫，挑三拣五的，好像与其结过仇怨似的。

有个老公对河工的催喊像一头哑嗓驴在吼，还偶带脏字，我即质问他："干吗这么横你？"

他马上低声下气地回道："对他们横点儿，能出火去晦气，不然，奴才能横谁去呢？只有和自个儿掐架。"那次我等对着这假爷们儿的真老公，哈哈大乐了半天，直到把肚脐眼儿乐疼、笑岔气为止。

人活着，谁不愿有人捧着哄着呢？但对外人严苛，又是我等不得不做的事情。谁知河工里藏有什么人？也许在他们中间有逆贼盗寇呢。于是，我等唯一收买人心的法子便是，将值庐内每天由苏拉尚未搓好的、从延庆府专供来的老叶子烟，送河工品尝。而这种贡烟在采摘时，烟叶大到能将两尺见方的炕桌覆盖起来，得经多天寒露与风霜日晒，才会变得金黄鲜丽，烟气清香。其力道劲足，实可解乏去烦。河工自是欢喜得千恩万谢。这样，从我等这就破戒。我朝向来是"边禁边吸，虚禁实吸"，只要是不明着吸鸦片即可。

在最忙乱时，我等还会逃避开比武、骑马、射箭、打铳等事宜，暂时丢掉布库戏法等看家玩意儿，想出馊主意来消愁解闷儿。如偷偷打打洋派斯（扑克），或进到内府作坊里去走马观花。要不到上驷院去看那"待字闺中"不知多少年的宝马良驹及大老虎般的藏獒。有时还会人五人六地转进西苑门内，还可借看地形，再溜进南熏殿，看老辈儿皇后嫔妃的画像，直绕到紫光阁前，借机好仔细地观瞻历代前、后皇封的绘像。回来再询问阿玛，到底在南熏殿里，哪位皇后是富察家的女老祖儿。而连同去的侍兄们，也都会惊呼道："您家女老祖儿（孝贤皇后），倒是有天仙的样儿呢。"哪怕是他们不惊呼，我也同会在心里慨叹："我乾隆爷不纳娶天仙，难不成还随意找个主儿吗？"

而阿玛却道："乾隆爷是在女老祖儿殡天后，给皇后上坟最多的皇上呢①。"哎呀，设若'佳后'还在，我的官品又该什么样呢？"阿玛一听我说这个，便立时板了老脸，连酒桌子都没叫我上。尽管额娘直说："不就一句玩笑话嘛。"从此，我绝不敢再提女老祖儿的样貌了。

这时，原在紫禁城的内外朝主事的，保准谁也不在。而其余的一概官员，也早随两宫去了颐和园。所有人皆以为我等是例行巡弋。黄马褂嘛……有这挡箭的盾牌子，我等便可以随便乱窜。比如说，见我等到内务府去溜达，代理总管总有些不快。我等要干什么自然瞒不过他的眼睛，他总会悄悄地派个老公，一跟到底地盯住我等。干吗呀，找别扭不是？我等心里自然是明镜似的。

既然是张罗找咱别扭，那咱就来个不嫌麻烦吧。于是，小蔓菁等小兄弟都琢磨出馊主意，将那代理总管在西华门外吃草的坐骑，浑身抹上臭河泥，还剪掉半截子马尾巴，并将半罐子蜂蜜倒在马屁股上，还喊我等跑到西华门城楼上用"大眼睛"远远地看热闹。不一会儿，就见从天空中飞下乌云般千百数不清的蜂来吃蜜，把马吓得连打喷嚏，大尥蹶子并咆哮不止，咴咴惨叫。

我等还巧妙地不露声色，在城楼上开怀大笑。餐膳时，侍兄们都笑得满嘴喷饭。

二话　慈禧老佛爷

要说起侍卫的调皮捣蛋来，实有话可说。我的同伍——乾清门二等侍卫哈不拉坤，隶属镶黄旗，是一个极爱琢磨如何淘气的人。闲着没事时，

---

① 清史记载，乾隆皇帝自孝贤纯皇后过世后，曾去陵前哭陵竟达二十余次之多，完全超出了所有清朝帝王的"扫墓祭奠"。可见在乾隆帝皇心中，同样不少一般百姓中夫妻间的情感。而在其后妃的陵寝中，属孝贤皇后规格最高。甚至于连孝贤纯皇后的"孝贤"二字，都是由皇后本人所起，这在清史上绝无仅有。而孝贤纯皇后的女德也一直被满洲旗人所称颂。

他曾将配发侍卫的梅花矢镞，经一支支地仔细加工，并将其变细变短，再捆绑上紫陶泥鸽哨。然后，他常借晚上巡夜时，故意走在最后，用弩弓往远处随意乱射，那支箭便带着尖啸声，或飞至煤山，或社稷坛，甚至太庙。此箭可将城外的护军营挑闹得一惊一乍寝食难安，总能折腾至下半夜。然后等第二天卯时后，他还会在景运门值庐前，静候护军把这几支箭交上来报案。同时，他还会装模作样帮着侍卫大臣记载、处理此事，并故作大惊小怪，还煞有介事地说："哎呀！哪儿的箭？这么剔透精致，真少见！"这时我最担心的是上面还有我涂的赤红色。而他总是胸有成竹般对我道："把心放肚子里搁着，咱还会卖您吗？"

叫人觉得奇诡的是，他在修河时的桥下暗道中，曾见到一个锈成疙瘩的一个硕大铁算子。于是，我们为打赌判定此物寿命多少，还专门砸掉一块锈铁篦，带至内务府里，给专琢磨瓷器瓦片的"解古师傅"，请他鉴验篦子的年纪。结果倒是验出来了，是三百年至五百年。本来这是极俗的平常事，他却并不谢人家，反倒说他看出了毛病："这师傅说的三百与五百中间，还落下一大块呢，那点他还是没说出来呀，太笨！"

可不是？就这么解古？就完啦？还是没说清楚啊。

于是他与我等继续按图索骥，开始察验这内河水源。原来均来自禁城西北犄角处。而筒子河的暗水关，可直通地安门步梁桥下，绕道景山西而进入筒子河。地安门往东有个东不压桥，是接连皇城外的水路。而几个御花园池中，都是筒子河分出的水。是先流到禁城北犄角城隍庙及皮库下，往东南去了建福宫花园，往南又流经咸安宫，而顺路慈宁宫花园，然后东折，流到断虹桥下，再奔东进熙和门，过内金水桥后，穿协和门，绕到文渊阁之后，再掉头流向銮驾库方向的东南角出城。

而御花园与建福宫、宁寿宫花园的水，同是由筒子河流进。我等开始觉得实在好玩，并新鲜有趣儿，但到后来，迷宫一般的暗道暗河，早将我等走得晕头转向，再也没心思去寻找地下那些数不过来的暗河秘道。令我倍感恐惧的是，脚下砖甸子下，似乎每时每刻都在有什么东西在走动。我总忍不住去想，这暗道难道只为流水吗？……

听伺候宁寿宫的老公说："紫禁城本就是个说不明白的迷宫。"

两宫夏日前一向移宫至颐和园久住，直到近冬。致使参事百官，自改道去了翁山泊，即后来被称作万寿山的颐和园。于是，禁宫内即变成我等随意而为的天下，知趣的"行走""散秩"等臣工们，干脆借故家事繁忙，皆躲避上差执事。但在"开差"之前，定要暗赠予我等应季的吃喝之物，这是担心我等嘴巴不牢，给他们明暗扎上几针儿。平日，我等是轻易不告状的，但也不乏是"御医的铁刺——有一针便是一针"。在内廷被侍卫"送"走的一、二品大员可不止一位。

天转至夏。两宫挪驾至颐和园时，我们自是随扈了一阵子。尤其是派新侍卫，先要熟悉道况。每当骑马去颐和园，出西外过三贝子花园①（府）时，不能不使我想起，曾是富察家骄傲的先祖——福康安。自其殁于他地，被高宗皇上荣封郡王始，京城便不仅有三贝子花园，内还有一条三贝子河，东四还有三贝子府，此外更有三贝子村、三贝子山（香山）、三贝子楼、三贝子湖。先祖福康安曾领职多地巡抚、总督，南征北战。但只因嘉庆爷在其殁后几十年，竟破例追究其军伍中奢侈无度，收回了高宗给予先祖福康安家族的一切恩典，也使我族盛极而衰，一落千丈，并牵连了整个富察家族……而唯独剩下了孤孤单单的松公府邸。三贝子花园也更名叫倚虹堂。

我等年龄少壮，渐被"家里的"缠住手脚，实不愿再去颐和园倒班、执事，这当然不算家住海淀镇的。我等都只想躲清静。"老爷儿（日头）底下的甩莲子——总追也脖子酸。"常去的侍卫，家离颐和园路途近。在朔望之日，其额娘与萨里甘等便常被皇太后恩准进颐和园游玩。尤其是西宫皇太后，因极喜欢在苏街子（后湖），与内眷玩"经商"游戏。还请了西山正白旗营及包衣家眷，进园子来买东卖西。都说这事，是内宫一个实在不起眼小老公偶尔提及。

所以，后湖那些个绝好的主意，差不多都是老公们琢磨出来的。

两宫一去颐和园，便将内廷里的"朔望祭祀"及"拜祖叩宗"等差事都交给了大阿哥溥儁。而也同样被领大臣原封不动的转给了我等。虽说是诸臣对大阿哥多为敬畏，但我等还是没觉出什么。大阿哥私下被我等称之为"少圣上"，但在我等面前，他并没有想的那么麻烦。在坤宁宫那"陪"萨满跳神、吃贡肉，他总是伶俐之极招人怜爱。但每当想起光绪爷，倒是

①　三贝子花园：坐落于西直门外的动物园一带，但远比动物园要大得多。在动物园后湖现尚残存点滴遗址。三贝子指福康安。其战殁后，由其子德麟庆敏接替袭贝子衔，而本人被乾隆帝追封为嘉勇郡王。

都对他远而敬之。可笑的是，他第一次吃没盐分的贡肉，竟顾吞吃而却忘了没有盐的肉是不能多吃的。于是，他看着我一个劲儿地做着鬼脸儿，意思是叫我悄悄过去。

没法子，既是随扈他，也就顾不得满大殿肃然中夹杂的吃肉声。我只好箭步跨上丹墀凑近。他小声道："厨子忘了放大盐了，该怎么处置呢？罚他们？"他这一问，我几乎是差一点乐出了声。难怪他吃不进去，换成是我们哪位，也一样。好就好在，我们是最后完了事才吃。而诸位大臣与宗室也并非是有能耐吃得下白肉。他们的袖口里早带了花椒盐，而大多是只看见在嚼，而却看不见咽。而到最后，吃不了的肉皆可以带回家中。但大阿哥哪里知道这些，更没人张罗教给他，烦他还烦不过来呢。尽管他口口声声地口甜称我等是"大人"。

而乖巧的他，不论是上舆下舆，总会先给我等示意，反过来"听喝"。一旦有我等在他身边时，老公们便都说："这阵儿那小爷儿是属猫了。"开始他还想看看我等练功，但只可惜，西宫不叫他乱跑，因为两宫养喂了一堆"飞禽走兽"。飞的是各类的鸟，而走兽却是东洋的懒猴或异地的果子狸，与盛京进贡的灰松鼠及一群娇珍的小巴狗。而西宫皇太后总住西苑仪銮殿，就是为了有地方叫人好好伺候这些个玩意儿。

说到底，还是有人曾经教给他该叫皇太后高兴才对路。比如说，唱戏的那几位出大名的是"谭叫天"或杨小楼，进宫不仅是唱戏演角，还有一个最重要的"孝敬"，便是教给皇太后唱京戏。说是学戏，但她老人家倒成了旁观者，而真学会的，倒是那些个"升平署"戏班的小老公。最意想不到的，还是这个天资聪睿的"少圣"——大阿哥溥儁，他摇头晃脑的，从来会惊呆所有在场的大臣。他是学什么像什么，唱什么便什么扮相，每个戏范儿都纯真似本，连外面的拉琴师傅都吃惊不已。尽管"升平署"老公们，多成了行内之秀，但被名伶们尤其钦佩的，唯独是大阿哥。不敢说他是一目十行，也得赞他是"过目不忘"，听完就会唱。而西宫皇太后，本来最喜爱的是大公主与额驸富察·志瑞的"继嗣"——德喜苏，尽管也是玲珑聪慧，但这会儿早已逃到一边去玩了。几回后，那小孩珠子便不再紧随西宫了，都说被大阿哥饿了行市。这德喜苏的名讳，还是在许多年前皇太后万圣寿节的前几天，由皇太后亲赐的。而大公主一直也不受皇太后赐给德喜苏的恩典——爵位，这使得满朝文官武将对大公主荣寿服气得五体投地。难怪皇太后赞赏有加，总说大公主是："第一无二的姑奶奶，比她们都强。"

满天下人，都想哄皇太后眉开眼笑以求得恩宠。但她毕竟是妇道，不是随便可出宫游玩的当朝国母，若再不琢磨玩玩，还能做什么？就算是她画画写字的，谁都愿意奉陪，可她自个还有烦的时候不是？结果，下面尊懿谕，将苏街子一收拾，嘿，还真不错，苏街子越热闹，老太后就越上瘾。她常在这时坐在靠南不挡眼的高地方，用个单腿儿海军望镜，将下边的街景看个没够，有回竟装扮成买主，去挑选针头线脑及扇坠儿，还要争争价钱，弄得别人不敢不给她。

这时，真正担惊受怕的是领侍大臣，然后便是我等。那倒霉的西洋筒镜，能望出好几里地远。若真盯住我等玩忽职守，岂不是自寻倒霉？所以，我等总要先糊弄好李莲英，求其多安排老公侍伍，我等自会往来穿插随扈。没想到，崔玉贵到底是个红脸汉，这便成为其辛苦劳累的开始。他满处东奔西跑，常带几个有武功的"小零碎儿"，走马灯似的在松柏树林内钻来钻去，神出鬼没的。这可是真帮了我等。不然，像我等这人高马大的，不瞒谁说，哪棵松柏我都觉得长得太矮小，杂树枝子老是和我等过意不去。即便是这样，老太后也会将所有人都累个半死不活的。好在园子内地势复杂，皆是大臣、侍卫、执事、包衣、太监、杂役、宫女，有主事的各管一方，都来捧场，自然没叫老太后挑更多的礼儿。

但老崔刚听我谢字出口便道："您慢着，您得搭我个人情。"

高兴得我不免紧说："当然当然——"

老崔憨乎乎地一乐："指教一下在下的'技勇'，您可不能推托。"——哦，在这等我呢。

自颐和园修缮后，恰遇甲午兵败，又正在老太后的万圣节。从此，老太后就不再想进这与海军费用瓜葛枝连的园子了。

在园子的后山，有片"四大部洲"，也是园内的圣地。从下往上有须弥灵境，两侧有三米高的经幢，后面寺庙群的主体建筑是香岩宗印之阁。象征着佛教世界的四大部洲环绕左右，分别为：东胜神洲、西牛货洲、南瞻部洲、北俱芦洲，都为红白相间的藏式结构。依山形就地势而起楼台，用不一样的塔台，修缮成八小部洲，还建有四座玲珑别致的喇嘛塔。塔上有十三层环状相轮，表示佛经的"十三天"。中有两个日月台殿，象征着日月也要听从和环绕着佛祖周身。这曾是乾隆爷当年敕建的物件儿，也是园内的祭祀禁地，曾常年驻有喇嘛。

而曾金碧亮眼的四大部洲那里，因咸丰年间被英法联军践踏与祸害，着实已破败不堪。无论庆亲王与雍和宫的喇嘛怎么去说，怎么商量也罢，喇嘛一再认为绝不可再修缮。但皇太后仍不断示意"多少要归置一下"。这一天，我等随扈至后山时，她看着脏乱的苏街子摇头发愁，李莲英倒说了一句："您别愁啊，奴才我斗胆出个主意啊，把它挡起来不就成了？"于是，当时便叫身边小老公，跑去取听鹂馆内的洋帆布稍作遮挡。

皇太后笑道："挡就挡得好看些吧。"李莲英没过两天便请来木匠与"糊匠"，还告诉我等回去时想着把当年老园子的图从库里翻找出来。不久后，巧手的匠人很快将四大部洲翻新变样——彩色经幡飘舞，那一片曾是没法入眼的破旧已换了面貌。我清楚地看见，凡是来不及用琉璃瓦的地方，都用了瓷片与大漆。手艺人的手艺倒是真做绝了。真是"南木匠北木匠，手艺全凭大漆匠"，说得不假。

随之后湖①也变成了新的河街，并敞开北宫门，由做小买卖的旗民随意而入。这翻天的变化令我等都赞不绝口。于是，没几天便开街"做买卖"。那是在漆匠们上彩时，便由老公拉进来极少几个挎篮小贩，烟、茶、糖果、瓜子，便早开始比画着了。其实这是为了给开街打底儿。果然，还没等修缮完了，苏街子便一天比一天热闹起来，来的多是就近的旗户与农夫，卖得也是就近的产物。

西宫老太后有一回站在山上去看，直乐得合不拢嘴，还吆喝小老公到

---

① 后湖：德龄公主在《皇朝的背影：在慈禧太后身边的日子》一书中，曾不止一次提到过关于后湖的状况。而后人多有争议是否"整修过"此地。本文于此再述，表明慈禧太后曾多次修缮此地。不然怎能在未修缮的颐和园长期居住，并作为行宫呢？而在庚子前后，慈禧太后多在此找到了乐趣。并且在后来传世的慈禧的亲笔书画中，都可隐约见到颐和园中花、鸟等，特别是世人瞩目的慈禧的寿辰——史称万寿节。她写的"寿"字与诸臣工敬献的"寿"字，曾挂满颐和园的所有室内。在甲午兵败后，她从不在颐和园过寿日，还将每年一度的"万寿节"，改成每五年一过。而在对颐和园的称呼上，也再次改为"万寿山"。而后湖在庚子年被八国联军损毁后，便被定为"禁区"，被遮挡起来，不断修缮。均不准任何人涉足。这时的慈禧，只是在等待"西苑"的修缮完工。并在仪銮殿的旧基础上，建造了佛照楼——海晏堂，还重新建造了圆明园中大水法的十二生肖，用以纪念圆明园"国耻"。

那儿买了几个水蜜桃，给身边的一人一个。但可惜的是，桃子过于水大，遂吃了一人一身的桃汁。这时候老太后说出了一句话，叫身边的人无不捂住嘴乐。她说："这回老啦，再也不爬树去偷人家桃儿去啦。"随即也和我等一干人哈哈大笑起来。哦，原来她老人家也爬过树啊。

老太后从后湖游玩的旗人那趸摸到乐子后，便开始大请旗民老少。升平署里养的大小戏子，也开始在颐和园内大显身手。老太后又一句话："人还是少得可怜呀。"于是，京官的孩珠子，与我等内卫的老家儿、萨里甘等，八旗世家及有功汉军内眷，都被前后请进园中。并在龙王庙东十七孔"银鳌玉栋蛛桥"就近和苇子、湿草、莲藕和鱼虾众多的地方，找来渔翁、稻户，并扮成摊商、小买卖人等。吆喝的行当里头有卖猪头肉、烤羊腿、鱼虾和莲蓬鲜藕的，还有卖京糕、年糕、驴打滚、艾窝窝、赛饽饽的……应有尽有。

大暑时节，众人一听皇太后要带领宫嫔来此采购时令鲜货，都演习了时日，说是要装扮好，尤为是不叫我等家眷认出来。皇太后与众嫔若被认出来，便觉不过瘾。既然是有交代，众人便在人群里，总不断在寻找皇太后。但游戏后，也根本没见影子。渐渐地，大家自然起来，又落鱼虾吃，又管薪俸，谁不乐意？再不会总盯住人群，去寻皇太后了。

约莫光绪二十三年夏末初秋时，是收莲藕、抓活鱼的日子口。我的玛法、阿玛、额娘、额嬷、妻妾孩儿也被召至园子去游园。说谁有本事就可以将鱼塘的鱼抓回家。老公赶晚儿收钱粮时，说是口传太后懿谕：要在当月二十八那天在园子过家家儿，说还要叫侍卫下河抓鱼，说这是为叫八旗满洲莫忘记，在老老祖儿那会儿，是靠这抓鱼、摸藕与采珍珠打下了万年基业。而我朝这回败与倭寇，也是在水上吃了大亏，谁也忘不得本。

前几月一天，内宫正下钱粮时，几个老公溜达至乾清门内，其中一老不幸犯了口忤，一个劲儿捣蒜般的磕头。这要真跟他较起真儿来，是该他死的罪过。这可比不了三大金殿磕响头的空心金砖，遇动静就咚咚作响，在青石板上，是不出声音也会死人。嫌老公头磕得稍慢，一侍卫卡拉努一脚踢在其面门上，孰料，他却像死了一样倒在丹陛下，脑门儿上泛出一片片累积起来的紫血包。而另几个老公，紧着退到十步以外磕头后，吓得全跑颠儿了，直奔站在隆宗门内的老公那里。一老公喊叫："总管！老卢福死了……"

远看李总管用袖子遮住这边，狠抽了喊叫的小老公一耳刮子。忙匆匆赶过来，不顾望一眼昏厥的老老公，便领几人齐刷刷地甩马蹄袖，皆跪在丹陛之前，头咚咚捣蒜，口里一个劲儿念叨着："几位内爷看在奴家的分上，甭与他置气吧……"

我等怜悯之情涌上心头，道："李总管——爷……"

李莲英大声道："老奴不敢，老几位饶了老奴吧——你们都磕呀？"他大声斥责其他老公。见他是前来认错的，卡拉挥手道："误会啦……他这是自寻短见哪。"我也被这状况弄得慌张，忙道："大总管您这是干吗？"只有先发制人啦。

"回几位内爷，老卢福有什么过错由我来教训他，诸位内爷——发个话吧。"

老几位看着那磕头磕得满脸青紫的老公，又终于运出气来，又加上李莲英这么不由分说领人先来叩头请罪，这面子再大也不过如此了。

"李总管——爷，请起来说话。"

"您别介，不然我折寿，我实属不敢当哪。"

"李总管您请起——"几侍卫一起唱说着，这种齐声唱，是用蒙古人的"呼麦"味道，以表明我等的郑重。平日里回圣旨与口谕，都要用"呼麦"嗓儿齐声唱说，其声音当是雄浑厚重，这是朝中规矩，若再不起来，这脸就真要翻啦。

"得，老奴李莲英，先谢老几位了——"他总算是站起来。我等也长出一口气。毕竟这种事情从不多见。若有人真在这丹陛前断了气，则是犯了内廷的晦气。自己磕死和被打死，绝非是一码事。死了人便是大事情，而我等也要与其三头对案，了结会十分麻烦。做事还得有余地，不可只求规矩方圆。于是我紧问道："他做事在哪宫？"

"回内爷话，是在圣母皇太后的长春宫，在奴才肋下混半碗饭吃，这不是老了吗，舍不得大清国的紫禁城，非说再看看老几位，一定是又说糊涂话了。快抬走，别脏了这内廷禁地。"他忙着指使着另外几个老公。眼见李总管满脸泪痕，惊恐中夹带哭腔，口口声声地央告，把我等也叫得不知所措。单凭一个告老出宫的老公，是借"下钱粮"传口谕，本想借此空当来和他自认为熟透的人叙旧道别，却该着他倒霉。而一个在皇太后面前红得发烫、朝野皆大名鼎鼎的从三品朝官李莲英，却如此护着属下，也真够仁义的，这倒真叫我等汗颜一番。

"李总管，今儿这事您看，咱该怎么办？"谁也不傻，是公了还是私了，包袱推给您了，您哪，看着办吧。

"那好，别净耽误内爷了，改日他歇过来，算托黄马褂的福分，赶紧'家走'，去鼓楼后的娘娘庙做居士，若歇不过来呢，那他是因硬逞能，这才中暑毒，自个晕倒在禁地。这怨不得天与地，他若缓得好，老奴再来谢内爷，咱家做回主，我这就这么着了。"好厉害的李老公，够爷儿们！

"得，得，有大总管这儿呢，谁还不放心？反正咱不得在一起混这'朔望子丑'嘛，您只要别以为是我等没正形儿就成了。"

"瞧，怎么话说的，今儿就算瞎耽误内爷工夫——该'下钱粮了'不是？您请——奴才改日还得道谢呢不是？"李老公不再耽误，叫小老公麻利儿背上人，奔了南三所的太医院，他紧随后边，脚步踉跄地跟上。

回家闲提此事，被额娘挑了理儿："你个堂堂的皇家侍卫，与苦了几十载的老公较劲儿，多不大器！"妾也站在她一边。此话一出，我脑门子直往上撞气，心里也责怪自己。直到我说从近日始要我等去颐和园续班的好事来，她俩才算又高兴起来……

从此，我对李莲英有了新看法。在深宫中，虽说做个老公头头——名曰大总管。但林林后宫，谁给气不得接着？能做到自如多变，实属不易！

三话　闰月遇灾年

今年初春例外早暖，潮润而无风无尘，老天总阴着脸儿。杨穗儿刚落地，满京城槐树冒出新芽叶，城内道路边月季花，早挤出骨朵儿。上年纪的人说，今年一定是殁人的苦夏。又逢闰八月，长者都道是："闰年有灾，闰月有孽，遇甲逢难，灾虐同来。"

没事时，我总在寻思，到底这孽在哪里？会是什么孽、谁的孽？而灾和难又该是什么？一齐来又是怎么回事？

春季来临，宫内最急之事，便是修缮，这等同农家对土坯房的修补整固。不仅要对琉璃瓦修补、清洗一番，还要对红墙补灰上色，对殿堂、佛龛及所有摆设都要擦拭清洗，要定期上报项款。随着匠人、民工的增多，宫内开始极其忙碌起来。

老公、宫女及苏拉的差事，也会大幅增加。比如，所有使用一冬的鬃、皮、棉、毡门帘，都要换上夹、布或彩绸门帘。在乾清门前，于左、右南北排子房门，也需将深蓝色门帘，换成隐蟒刺绣图案的浅蓝色夹帘，但仍要比内宫颜色深些，这不仅显得沉稳，还耐土禁脏。帘上隐蟒图案，也是象征内廷是盘龙禁地，而内宫帘子主色调是各种深蓝或绿色。

自西宫皇太后看中了宁寿宫，锡庆门就变成了我等的重执事区。这也变成了皇太后常住在宁寿宫的出入门户。南段的护军营舍也一再扩建并增员，在西大墙上也开始有护军巡弋游走。而这儿的门帘与别门户也开始不同。即便看似轻薄，但也要用新丝棉絮成，哪怕在常召集群臣的偏殿，也会在蓝底儿上加绣特有的绿黄蟒图，绣游龙对凤麒麟海马，再镶上翡翠彩珠及各式珠宝作陪衬的鸾凤，和坤宁宫一样，得显出此地是"凤巢"该有的高贵雍容，会叫人百看不厌，并不敢用净手去触摸，只由老公在官员出入时伺候打帘。

要更换内外廷的所有门帘，也是迎接夏季到来前的一种例俗。待到夏季，将又是一种样式，大都是用明绿色做底色，以显旺季即到来。后宫做底则以土绿色，外朝则是略微深绿。那些个后宫嫔妃，最喜爱的是竹苇编成的镂空花样门帘，总能将制席工匠支使得来回返工，还会将挂帘老公折腾得不亦乐乎。所以说最难伺候的，是众多嫔妃的门帘。而在这时，打扮得最招人待见的，不是年老珠黄的后宫嫔妃，倒是刚换装的宫女，而我等叫她们宫姑娘。

这些宫姑娘身上的低彩旗服胜过了绫罗绸缎，尽管头上扁方比嫔妃小两号，拉翅上的花插也极素致简，但在小闺女孩珠儿般脸上透出的清雅，仍与那些点灯、精奇、彩线妈妈和一堆嬷嬷之类大为有别。这是因为皇太后最愿看她们穿新衣。而小老公，往往被内府着意，将酱紫色坎肩及拖地的皂褂，都换成颜色中看、好质地的散缎绫缎。若在皇宫外走路，路人便会投以羡慕的眼光。不经介绍，远道人哪看得出这是禁内正换装束的时候。

光绪初年，畅音阁便进来了升平署的童子戏班，多由小老公凑成。打扮得都是花枝招展，富贵堂皇。常出来进去地排起队，远看像条扭动的花腰带。戏子去西苑极早，是为练刀马架子和吊嗓儿。有时，还要被正阳门外戏场子邀演。早班时，常眼看他们列队出门，而这会儿，正是神武门的钟鼓声响时，它向来比钟鼓楼的稍微要早一点。这是以保和殿内的洋钟为准。这声音在耳朵里听的是"丰盛福林阿（吉祥平安啊）……"

不久，发生了山东境内的洋教主被义和拳惩事件，引起朝中气氛的骤然紧张。军机们说，山东拳民起事，官府不断调兵弹压，搞得军机、兵部忙命火器营加紧巡防城内外。山东一殁洋人，洋人便在威海卫增兵加舰。

日日有变。没几日，数万众之多的拳民不断涌进京城，占庙建坛。一走出皇城，便感觉越来越不安宁，家家开始紧闭街门。且听到额娘念叨，因官道受阻，河沿儿小市的菜价奇贵起来，成了仨大子儿一个萝卜。

而最怕出事的九门步统衙门，也加早赶晚地骑马游巡。

我等熟悉的武卫军统领荣禄与铁良露面于东华门外，开始调换筒子河一带的各营护军，并加紧了换防次数。若以往遇战事时，都要将武器精良的新军换进来，以应对时局不稳。

这免不了影响了我等心境，也都跟着紧张起来。上至领侍大臣，下至各品等侍卫、散秩、行走与值臣，喝酒打牛牌的也小心起来，也怀疑朝廷使的是换汤不换药的老"备战"套子。而春天，多是忙碌着办理去年的事。我朝与西方的区别在于，他们过圣诞节前，会将一年的事了结；而我朝却要等正月十五后，还在忙去年旧陈之事。

清明节后，局势更紧。今年真是赶上了多事之春。下钱粮之后，禁内陡增筹次，由钦定外八增至十筹（宫廷内巡逻时传递的筹棒），内增至二十汛（法定值位地点）以上。原白日里，我等只在乾清门前砖甸子、景运、锡庆门就近几门户值岗。但不知是哪位宗室奏言，我等新侍卫是在守空空如也的禁宫，遂便将执事区域往锡庆门偏移。原先遇到非常国情时，只加派护军辅巡，现再则将在西苑护跸的神机营巡线，延长至筒子河外圈。非一个都统所辖的护军，常为防地而相互扯皮，相互较劲儿。在这时，不知从谁嘴里溜达出一个上边的"意思"：学乾隆朝，要选几个侍卫提拔成弹压义和拳的帅将，谁被遴选上，便会先拜都司出师，若得胜归朝，则会拜封校尉，这等于是够到一等侍卫或接近参领、翼长的品级，功大皆世袭云骑尉、恩骑尉或再高的民爵。还会将绘像列入紫光阁内，任世代景仰膜拜。殿内供奉有乾隆朝代的功臣名将，我等侍卫每年皆会在清明节瞻仰一次，熟知里面众多的巴图鲁，而头一位首勋，便是我富察氏族人老祖儿——忠勇郡王傅恒。此等殊誉，常引得我等这些个生马蛋子情绪不安，大有"少年英雄不在乎迎敌献身之勇"。相互间开始摩拳擦掌，常竭尽身心地"敌对"起来，加紧演武。每当去颐和园执事，还会到北门外打西洋靶的。

靶的是由北三所画师们描绘出的。此地在北宫门外的一个小寺庙。由于山后狐串儿甚多，像我这年纪的正贪玩没够，往往用有数的火药，跑遍山前山后，去追打狐串儿。狐串儿是狐狸与獾子的混生后代，因旗人从不用狗皮做帽子、褥子、皮坎儿等。但狐串儿比狐狸与獾子皮毛要长几倍，做帽子极暖和，做皮坎或褥子更是舒适。我等会带上铜火药匣子及铁砂，以备枪不走空。尽管我会使用打枪子儿的来复枪，但头疼的是，一到内府去领子儿，总是没有。此枪没了子儿，好比刀没刃，箭无尖儿，不如个铁棒锤。值臣反倒嬉皮笑脸地说好听话："别急，'瞎子磨刀——快啦快啦'。"

但可气的是，那刀总也磨不完……

在军机处值宿章京值庐，哪怕至五更，也会吊灯通明，总有人办公执事。我等也会在此专门领引大臣夜间出入。只有等军机章京们歇息之后，我等才能落"现筹"。往往因内宫专用"阳符"都被尽用，不得不现周转取回再用。若遇见军机处前的架杆吊灯彻夜不息时，侍卫只好奉陪增值。此时整夜耍牛儿牌的值班大臣，倒是收了手脚。

我等的“贼酒”自然暂歇。在禁宫内，除我等之外，闭内廷门后的老公自是最为随便。他们一向盼望早闭户收钥，那才会有老公“爷”天下。虽然个别时辰也会进到内廷，但毕竟是数量为少。进内廷从来都是“小小子打灯油——直来直去”。忙时我总想，西苑周围有武卫军、虎神营，还用我等整天拿着老掉牙的绿把儿腰刀做什么？

我等开始动不动便要增筹加点，近二十多天也不准允歇息休班，还要去颐和园沿路督检堆拨岗。

那些分布在各旗、八竿子能打着的宗室觉罗和早被当朝忘到爪哇国的“紫带子”，常被挤对得怨声载道。我们在时，他们毕恭毕敬，但刚扭脸，其便会扯嗓骂我等是“胳膊肘往外拐的白眼狼”。但我并不与其较真儿，他们不过为混上口比老公强些的差事而已，是靠着我等记“值分”而换钱俸的。若颐和园沿途真有闪失，我等同会承渎职之过。好在拼凑的这些兵员，还算会来事。但抹角主事的三品园卿，对他们可毫不客气，动辄打搭。但这些家伙，真不知怎么拐弯琢磨出园卿的“毛病”，最后将其与嫡系人随都告走了事。

园卿本以为，只有上三旗是香饽饽，谁知下五旗的骨头也如此难啃。其根本不懂他旗最早也同样是黄带子满街的宗室觉罗的八旗满洲。若非多尔衮被弄了个“殁贬”，哪会有上三旗饭吃？再说，眼眉前的镶蓝旗下是皇太后的“凤巢”，为最难招惹的旗。人家说他是没听过《石头记》评书，不知道做官还要有“护官的符”吗。等再换上来新园卿，仅靠听说便明白了这些爷是绝没一盏能省油的灯。他们于京城兴旺的猪市、米市、钱市、鸟市、鹰市、斗鸡市甚至八大胡同等杂八市一向胡作非为。连九门步统衙门、大兴府衙都不敢管他们，宗人府更懒得管他们。即便是他们打架闹事，被巡城马队抓了走，也是前脚噘嘴进去，后脚便咧开乐嘴溜达出来。出来后更是变本加厉，自道:“逛了趟姥姥家，进去倒比在外头吃得好啊！”

谁进去次数越多，反而成了更大的爷。就算专拿旗人的督捕司，也常遭算计，不是家属遭了埋汰，便是叫人给房子点了把火。从前牛气冲天、号称有包龙图的督捕司成了摆设。有个在军机没待多久的侍郎说，抓旗人好比是"乾清门前的大花缸（盆）——包换包退"。

他意思是说，督捕司好比是花房花匠，只会将乾清门前常年摆放的大花盆，不断从暖棚内搬换更新，是换来换去的最有保障。而谁捅了马蜂窝不要紧，人家怎么来的您还得给人家怎么送回去，"包退包换"嘛。这句话说没多久，他即被调往了云贵。罪过是"影射满洲勋裔"。这叫什么罪过？事情挺简单，盼着升官的"散秩"给禀报的原委是，其长公子刚被他从督捕司保回来，其子在灯市口因强买强卖，伤了绿营兵的性命。

这亡命的绿营兵倒成了"千顷地里头一棵苗——还叫蝲蝲蛄给啃了"，最后落银子的是那些咬住不放的参佐。打发家属呢，不过是攒掇苦主家里的领崽子再改嫁罢了。正如旗人常说的话一样："打枣八竿子，京里都是五服连套的。"外城人将这句话变了个样子："打八竿子都打不着。"谁叫这些爷们儿，不仅能提谁家里的三五辈甚至再以上的"公主""额附""皇嫂""皇姨"，若前面再加上一个表字，就成为"表皇叔、嫂、姑、姨、舅"，有比带皇字的辈分更大。他们还能提到活着的家中老辈儿谁谁曾为国捐躯、阵亡，在世时曾是些什么爵儿、系什么色带子等，更有甚者，竟带着家谱去坐大牢。

这便是人常说的"摆谱"来历。摆的便是向汉人学来的旗人的"从龙家谱"。

旗人家谱，是本总书写不完的厚家伙，多是打从清入关后的接代记载。其质地最早是薄羊皮封面，同比牛录手头的户簿气派。是既描白龙又印暗凤的，由各旗衙门官发。嘉庆朝之后，皇家不再颁发新本。所以，渐渐便罕见起来，但旗人也没再拿它当事。可现在又时髦的缘故是，谁的先祖当中若联连了皇亲国戚，都会在谱本中清晰记载。用此物可衡量前辈，参考今官，经常把后来被抬旗的高官们，比得一无是处。更会将祖上封爵赐位等功绩，与皇亲国戚的延续，十分妥帖地与后辈挂钩相连。这旗家人曾有的骄傲却成了纨绔旗人子弟吹嘘张扬的倚仗本钱。

宗人府、刑部、户部、督捕司等，对那些个实在是杀剐不得的罪过，只要是能压住汉员，若能收些钱最好，便毫不客气地去收。若没戏，便死活挤对他们去有钱的拿钱，还能用银子顶替真身，以逃避死罪。"替身"与"买赎"，远远厉害于乾隆朝的"用银抵过"。这些恶吏们只知，看看这头上的长生天是谁的，就足够了。我常感到，上下朝的汉臣之无奈与消沉。阿玛说："这便是家国医不了的顽症。"

四话　珍妃爱"易容"

甲午海战一败涂地后，我朝被日本索赔银子两亿两。国因用钱，朝廷便到处变现银子。前几年领侍大臣命我阿玛一干侍卫，开饷时必须购买定额的"昭和股票"，白忙活半天不提，所有旗家也同阿玛一样，将银子打了水漂。本银只剩下三成不够。这致使各省因此而为祸生乱。官员薪俸也被一再拖欠，我等也丢了"油水赏银"。为此，老旗人整天噘着嘴骂街。为躲避上缴各类税钱，各埠农夫因逃税而逃荒，又赶上各地涝、旱，到处传来了孬消息。

光绪己亥年，山东拳民因事烧教堂杀教民，竟然很快涉及几十个州县。西方的英、意、美、奥匈诸国，开始出兵登陆烧村寨报复，骚扰侵掠土著。而袁世凯接任鲁地巡抚后，却勾结西方侵略者，对拳民尽数弹压。谁知，越压越糟，拳民反挪到直隶正定府地面兴拳坛，与官军为敌。直隶总督裕禄，派分统杨福同欲"剿"拳民，却反被杀死。一时朝野哗然。

小蔓菁听一兵部官员说，现在拳民的口号已变成"驱洋扶清"。我等头回听到，竟然吓了一跳，"啊？太好啦！"

一天刚下值，结伙到前门外一个酒铺子，一锅白水羊头肉就了酒。恰遇巡城御史率涉军搜捕抢珠宝行盗贼，围了大栅栏。

结果是，我等谁也没敢再张罗去逛八大胡同。其实历凡满洲官员，敢去那下三滥地方的人不多。这回委实是时局弄人。

我心里清楚，若非有小蔓菁和二弟多尔奎跟着，才拦不住其他几个去寻花问柳呢，谁不喜欢喝花酒？家里的萨里甘，向来是规矩，都比我等稍大几岁，老早就生儿育女，哪有青楼女子娇小媚气？但架不住这俩小家伙，真给告状啊。料想不到的是，向来听我等说论女人，脸先肝红的小蔓菁，竟在此结识了一位叫满梅的青楼小女。此事，别人还不知道，但他自己可就上心了。

因大街到处有拳民在饮酒为乐，我等只好紧喝快走。我朝早禁酒多年，明里禁，暗里实难禁，实是越禁越喝。有敢喝酒的，就有冒死爬哈德门城墙的酒贩子。直喝到已时已过，若没有腰上挂的这块通行"疙瘩"，别说进皇城，内城都进不去。还得坐上驾官办马车，绕道进顺治门，若不是人家给留个"虚门"，想回家，真是门儿也没有。一路上仗着内卫的牌，又加上脸热的旗兄，大不了折腾值夜的掩城门。而历来九门是只有顺治门从来是虚掩的，专为九门都统兵夜间出入。

在我朝内外皆惶恐不安时。又听军机大臣说，朝廷要凭拳民"十万雄兵"来做前站。难道真要与西方侵略者一决雌雄吗？小蔓菁瞎扯皇家政权政局说，保不齐后来者居上。后来者，指的即是满朝文武皆知晓的"少圣"大阿哥——溥儁。话虽这么说，但我等对未来的"皇上"，多有含糊微词。谁知大阿哥是不是能磨成器的坯。但庆王在暗下里给我阿玛透露的就是："别怵头，该怎着还怎着。"庆亲王能点拨，当然是好事。

甭看庆亲王奕劻老态龙钟的，但却使满朝文武见之胆寒。道说他朝内外以贪墨著称，其实倒还不如说他与李鸿章依靠割地赔银稳住了座位。但在军机处这儿，我等却看不出他究竟有什么不好，反而是颇得人缘。我等经常看见，面对每日早、午二膳的油腻过多、过重及总是鸡鸭鱼肉的膳食，在军机大臣们都皱眉头时，他从来是大方地请诸大臣，中午溜出宫门去下堂子。时不时在翠花楼或都一处弄些个热烧卖等，还总会想着景运门这几个与他熟识的什长、主事或章京，常捎些下小酒的烧鸡、烧鹅、小吃等食。

尽管内宫律条规定，不得随意去外面"野膳"，以维护皇宫脸面。但庆亲王对我等小字辈儿的关照，就差和阿玛额娘比了。后来得知，那御厨首领还是庆亲王给鼓捣进宫的。他带领军机大臣们出去就膳，哪怕是便宜坊或全聚德的烤鸭，他也舍得。于是我等只管吃喝即可，嘴里自然说好。而庆亲王的好处是，从不以熏天权势吓唬我等这些软硬不吃的侍卫小子，而我等也从不敢对他瞎乍什么刺儿，只遵循着老习惯，叫作"远亲不如近邻，近邻就怕对门"，谁叫我等整天与庆亲王在一块砖甸子上混差呢。

庆亲王奕劻①是在甲午战败后，因所谓的"谈判挽危局而止兵息戈"有"功"，随之一举揽"功"受宠被，允准可骑马进东华门至箭亭前五十步，再步行至内廷的恩遇，但他常大胆直接乘轿到景运门前。东华宫门禁内外，一路上的侍卫早叫他今儿给银毫子明天发大子儿的，都收为贴己"亲兵"。我等私下里有段顺口溜，便是证据："庆辅好，庆王亲，见面吁寒暖，就手发白金。"发白金是假，但赏大子儿他可是从不含糊，按时节他还会补一句："天热讲究冰敬……天寒地冻的，再加几条炭吧……步瀛斋擦擦靴鞍去……赏你家赘子抓着玩的。""本旗本土加上王，镶蓝凤巢出王郎"，自是近乎得不成。叫人不得不赔笑，顺手收下这额外的一把散银。所以，不会有人因他多坐几步轿奏他本。

要说起能熬到进内廷做官的诸位军机大人，也许要万般艰难。他们皆是国之栋梁，名声大的像李宏藻、崇绮、张之洞之辈。而刘罗锅的传说，不过是天下百姓对刘统勋父子世代忠良的夸赞罢了。虽我等还常防着初到客，怕给告个状什么的，但军机大人们的辛苦，却是历历可数。他们一会儿去上内廷，也许又走一趟锡庆门，一会儿再奔神武门，还要伺候着养心殿，谁敢保证他们不心血来潮，小奏我等一本呢？

当然，像状告侍卫这种事，从阿玛那时就极少会发生，但发生的，皆是大事件。而我等是新辈儿侍卫，大多懂得"莫道禁宫分老幼，侍卫最是皇家亲"。

---

① 奕劻（1838～1917）：晚清重臣，属宗室。满洲镶蓝旗人，爱新觉罗氏。乾隆第十七子永璘之孙，辅国公绵性长子。曾任总理大臣，封庆郡王，光绪十七年迁海军大臣，二十九年任领班军机大臣，三十四年晋封世袭罔替庆亲王。宣统三年任首任内阁总理大臣。清帝逊位后，避居天津。1917年1月28日病死，谥号为"密"，是清代亲王谥号中最差的一个字（《谥法》："追补前过"曰"密"）。据溥仪《我的前半生》所述，当时清廷在为奕劻拟谥号，第一次被他所退，第二次溥仪的父亲又送谥号为"献"，但溥仪坚决不肯，非要给"谬""丑""幽""厉"等恶谥，第三次南书房翰林们商议了一个"密"字，溥仪年幼认为还是恶谥方才同意。

1917年，最后一个铁帽子王奕劻病死在天津，时年七十九岁。庆府便按惯例，向紫禁城中的小朝廷讨谥号，为其评定一生功业，故而停尸不殓。内务府大臣初拟谥"哲"，按谥号解，知人曰哲。溥仪亲选四字为："谬、丑、幽、厉"。谬丑者，南宋孝宗憎秦桧之恶，封以此谥；幽厉者，周秦之幽王、厉王，皆为残暴昏庸之君。载沣却终觉同为宗室，劝溥仪网开一面。后在力争之下，才赐谥"密"，密者，"追悔前过"之意。

其实，真要提起随意出入宫门的，内宫却是由珍贵妃带的头。珍妃全称是恪顺皇贵妃。

在头几年，珍主儿领嫔妃出入东华门，很是随意频繁。她出门时是空着双手，归来时却是马车拖拽。她不仅交易珠宝，还采买充盈的女货，听老公说，她还入股了一家洋人的店铺经商。皇太后得知后，便一再申饬领侍卫大臣，从此，景运门便严控门禁，并千叮咛万嘱咐，命我阿玛等绝不容珍主儿自行出入门禁。

多大的门禁，敢阻拦皇妃娘娘？那可是中宫的一个管家。别说是贵为皇妃，就是比珍妃大或小的嫔妃，凭谁也不敢阻拦的。再说，她并不是单人出入门禁，也不公开出入禁宫，这就更无法阻拦。珍贵妃的打扮，从来是变化多端，许是爱看戏的原因，其最爱易妆变花样。不是简装扮成老公，说出门办事，就是持牌挂刀扮作护军，且还有一群陪驾的马屁老公簇拥着。尤其是光绪爷身边姓杨的俩老公，二人为亲兄弟，多起了极大的作用。那几个经常出入的熟脸老公，"巧妙"配合了珍妃的非为。他们连同贵妃的亲属阿哥，也从来是"一妃打头，蜂拥而入"，在此的门禁，因挡不住此妃，常会受到懿谕的申饬。

为此侍卫们还想了个主意。在门禁安排生护军崽子，也好阻挡光绪爷的"御前"侍寝老公"双杨"，见他们一来，阿玛更是躲得远远的，绝不露面。有回我阿玛实在没躲及时，只好问他："难道你俩想学寇连才吗？"但"双杨"家的老大，兴许是伴驾有长进，总能说出与别人不一样的话来：

"侍爷比喻不太准，想在老爷子身边，能有敢问政之宫监吗？呦，您不是阿大爷吗？我先给您请个安，等有工夫再磕头。您从乾清门挪到这来执事，想必也是少有少见，定有重任在身。小的可正忙于皇上的事呢不是？您放心，我绝没那胆子敢走出皇城半步的，这不是……"他努嘴儿给阿玛看。因为这时的贵妃，对门禁正睖着眼。而除去乾清门侍卫还敢看她一眼之外，别的门禁也只有低头了。随意盯看皇妃，这可是件犯忤的事。

他指得正是珍主儿。她扮侍卫、扮退朝的朝臣、扮军机章京等。而只有扮作老公时，其苗条低矮的身材最能蒙混过关。有时能连面都看不见，就"出溜"过去了。她常坐在便舆或马轿上，出入频繁。而只要禁宫内有何等角色，她便会做什么扮相。其最大特点是，她常采购众多的仿发、仿髫，这都来自东安门外的铺子。她向来是空手出去，后又车载马拉的货物纷繁，还多是戏子的家什。连挎的刀，扛的枪，背的宝剑，无一不是銮仪卫的家伙什。而尽管銮仪卫队不见得是天天进宫伺候，但他们的家什却是在宫中储存。所以珍贵妃取拿自是方便，更无人敢拦，指派个老公去即可。而后来的清算中，连銮仪卫的看库老公也多被赐予白绫，或净身出宫自裁。用老公自己的话说就是："给拉到西边去了。"

阿玛道：即便是在早几年，同样叫他遇上几回，但也是不得已而放之出入。阿玛说，见珍妃化装出入，开始不是没拦过。常是刚发现是珍妃，并欲阻拦时，便得到皇妃张口即来的皇上口谕。她背书般："奉天承吉运，皇上有谕曰，许允皇眷出门自便，均不必随扈，严拒跟踪，凡有违者，重责五十法杖，钦此。"说白喽，不仅是拦不住她，还得调派人偷着随扈呢，只要不冲谁翻脸子，就算是不错了。最后阿玛等侍卫便想了主意。

"珍小爷儿化装，咱也化装。"化装成戏子？您觉着主意高明？就凭您那横着膀子走道那样子，活像根杉篙，您扮成谁，老公们远远地就能看出来您。而幸运的没看出来，遇见贵妃高兴时，是马上就塞过来一堆子吃食，先把您嘴拿东西塞上。但若是翻了脸皮，她马上就会吼上一声："跟随圣眷，等同忤逆！"您犯得上吗？

而当甲午战败的十月间，形势大变。到最后上懿口谕说"家法不容"时，阿玛便与乾清门、景运门等侍卫，同时"内禁"，先是查抄珍主儿所在寝宫——景仁宫时，其整包的戏装、紫檀脂粉柜、成沓的相册被全部查抄殆净，好家伙，足有十几担的"玩意儿"。连洋娘儿们的衣裤、长拖裙等也有几身，西洋脂粉更是应有俱全，都一并扔到西华门外用炭火焚烧。当见到有皇上的"龙照"时，我只好命小蔓菁赶紧奔内廷，扫听皇上在不在养心殿。但没曾料想到的是，内廷早已有崔玉贵招呼了老鞑爷等几个侍卫，开始到处拿人了。拿得多的是老公。而一连串的懿谕，将乾、景二门的侍卫，都打发出去。并将与珍嫔有连带的各等"官""一概察免，决不姑息"。而同样离养心殿较近的体顺堂，倒是专派侍卫看护了起来。随后，去观瞻西华门外焚烧的一位显贵，是谁也料想不到的皇后——隆裕。她虽然表情淡漠，但仍掩不住被吓得脸色苍白毫无血色。

阿玛说，原本想把皇上的龙照都挑出留下来，但无奈的是，皇太后口谕是："只要是有贱人的，都务必过火焚烧成灰。"虽然挑出了一摞子龙照，但几乎是没有几张皇上自己的。即便是其中有皇上的，也多是戏照，而珍主儿的戏照也罢，妃照也罢，竟多是扮老叟、扮渔夫、扮戏子的，还有扮侍卫、护军甚至将军的戎装照。最瘆人的是竟有她的"帝王照""皇后照"。李莲英看看我，悄声说道："您看，这还给老祖宗见见吗？还是免了吧，这要是叫老人家看喽……"他的意思是干脆扔进火里算啦。他也说，懿尊早看烦啦（指照片上的珍嫔）。

阿玛说他明白，李莲英在哪都是敢做主的，但唯独在侍卫面前，总这么谦谨得从不敢大意说话。他也更明白，早早晚晚的，也有老退的那天。阿玛说他也不傻，只是看着这个大老公，就是不作声。心里说，哦，您知道留后路？我也一样。我只不过会早退几天。就说："听您的。"

"都烧了吧，明个想置'龙照'，皇上会传旨的，这也是皇上的意思……"老李真高啊。事后，内廷分别将光绪爷的"御前"太监，那一双孪生的倒霉蛋儿——"双杨"，即杨瑞珍、杨昌恩二人及十几个技勇老公，以"干国政，乱大内，往通是非"等罪名，交内务府大臣，拉到慎刑司，最终在草岚子杖毙。而杖毙的手法倒是学了旧明的"同杖法"，是由该受刑的老公，相互间持以棍棒殴斗，由几个汉军最后完结那几个活着的老公性命。证刑时由阿玛带老公在场。被行杖的还有好些个宫女呢。

阿玛说，没几天，珍嫔便再遭了死贬，去的地方算是内廷机密，即便是知道在哪儿，也没人敢说。

直到逊帝禅位后几年，我在南城琉璃厂碰到老崔（崔玉贵）时还正意问过他："您当时要不下那黑手，是不是还能接着在宫里混呢？那口井哪死得了人？"

而老崔却拍着胸脯子道："但凡明白人能看出来，赶我出去就是故意使诡计，好像是我杀的人似的。其实，我的罪过是不该下令叫俩小混蛋去干这事。而装傻充愣的老李（李莲英），比谁都要狠上几分。而叫我再回宫儿日，就更是个诡计。漫天下都说我弑主。"

他又道："我是叫他们去干来着，但那俩小子一吓唬珍主子，说洋人来啦，皇上不要她了，早颠儿啦。小主就一头撞死了，俩人才将人塞进井去了。那小子却又说，是刚一出来就塞进井的，谁是实话呢？可这俩小子，到现在也不知道死的是谁。就知道是个被关了好些年的女疯子，早用银子打发走了。"

"那风言风语的，是怎么回事？"

"哪朝哪代不是这样？对国色嫔妃，怜香惜玉的，还不是没得吃有得说吗？"他还是没说井的事。但我知道，井的确是可以死人的。

"但您后来怎又出宫了呢？"

"一天比一天不拿我当回子事，我别扭，尹师傅也看着不对劲，叫我早离开是非之地。您看看，报应没有？报应没有？北海的后夹道自他（李莲英）没了后，都说成是专意闹鬼的地方了，您说我走对这步没有？"

公说公有理，婆说婆有理，崔玉贵说的这些我也无从考证，但有一点是事实——珍主子香消玉殒了……

五话　为亲王比武

甲午战败，赔了倭寇两万万三千万两白银。而庚子年八国联军攻来时，是庆亲王奕劻、李鸿章等，用大清国尚未从田地里挣出来的四万万五千万两白银，连本带利息是九万万八千万两，换回来两宫归京和联军止戈。"用银子结欢"指的正是大清国这次惨败，倍感耻辱。

联军撤走后，旗人几乎都消沉了。活着的，庆幸自个儿还活着，几乎没剩下几家不殁人的。跑得急的，连换洗衣裳都没有，一律是破衣烂衫。不少官长的衣襟上满是补丁。哪怕是皇亲国戚和有权势人家，这时也变得极为谦逊、恭谨客气。再没看见谁在庙会上，再摆出旗人的阔气和霸气。更甭说还有兴头吵嘴，斗气。不论老少，皆规矩得很。最通行的语言是："哎哟哎，您吉祥——吃了吗您？"只此一句话，便是客气又亲近。但眼神只往对方一扫而过，不敢正眼瞧。后来，我终于有一天懂得，这便是国的耻辱。

旗人见面互问"您吃了没有？"便是此时的通言。言外之意是，只问吃饭没有，绝不问别的，既不敢问也更不能问，谁知对方家里存活几人？边说边请安，算是打招呼，此时人人揣着惊恐与侥幸。心里话是，咱都活着，这比什么都好。

甲午议和，庆亲王奕劻和肃毅侯李鸿章等一干朝官，皆遭到了朝野唾骂。那阵子，他们只有灰头土脸地低头出入。即便是乘轿，也不敢在大街上溜达。但我等明白，他俩不过是朝廷的替罪羊，而李鸿章的连败，便是他运筹帷幄得不够。唯各国的公使，倒最认这两位，他们是洋人眼里我朝为数不多的可信人物，更是皇太后前得宠之臣。

庆亲王的随行，不仅能在景运门外等候，不怕多出来几位。并且在东华门外，照样有两挂藩绒绿呢的马轿，由王府侍卫、老公等一大群人伺候。而当他做总理大臣时，洋铁蒸汽车还常送他进宫呢。

老了的李鸿章，就不如军机处的张之洞大人活得爽气，他整日面带笑模样，十分随意。他有时也躬身子来到值庐内，专门瞜瞜老掉牙的枪械，并发出声声慨叹，总面带笑容地讲评各类铳械，说这是非同寻常的古董。他有时还远远地先向你打招呼行礼。其实，我等早知火铳是古董。

铜锣敲响，紫禁城内都说皇上已下旨与西方列强开仗。我还在寻思，今日为何外朝三殿，东华门以内的所有草甸上，到处是穿了新衣的老公、宫女，甚至还能看见那些年迈走不动道儿、久住慈宁宫的前朝太嫔、太嫔们，也在各殿前御道边溜达。能见到那些老辈前朝女老祖们，除非过年逢节，或朔望日逢祭拜才成。若在平日，很难见面。可今日，这些个孤贵寡胄却出来督促宫女、老公们，用手中小铲等家什，将砖隙中的一棵棵野草锄掉，再将所有铺砖地面清扫。然后，草被归拢在一起，装进密纹条筐，再运至上驷院，交草夫洗净后喂厩里的御马。

而极少在白天牵出来的大獒，都配好戴嚼缰绳，与以往比，眼见比过去个头要差得多。原出于吐蕃本土的藏獒，一只比一只更大、更凶猛。若晚上牵出，它从来是一声不吭，常比几个人都要强悍凶猛，往哪儿一指，它即会摆出拼命架势，张开簸箕般血口扑去。甭管是坐着还是跑，皆有狮子般模样儿。记得光绪初年，直隶府进贡了两只虎，放养在西苑北静心斋的池坑里，供皇室豢养观瞻。王公们听说，大獒是狮子种，能将老虎吃了，便命把大獒放进去。谁知一对老虎并不接仗，而几獒却与老虎成双成对戏耍玩闹，令观人呼绝。难怪说"三虎出一彪，九彪出一獒"呢，真不可思议。

在老辈旗人心目中，狗是仁义忠臣，能救明主。自然满洲旗人最忌吃狗肉，说白喽，凡信仰萨满的族部，犬马牛乌鸦等类的活物，皆被视为神的差使。我旗人忌口的东西有许多，如：吃鱼要吃带鱼、马哈鱼、江鲤等活水鱼，这是因为神的使者——萨满的指示。

郎笔帖式曾悄悄地告诉我，萨满从不给两宫及各辈娘娘叩拜，敢在皇宫中跳神的——唯有萨满。

拳坛大师兄多在南城聚集，使得朝中对畏洋的庆亲王一干皆颇有微词。为此，内廷领臣先派我等与几个能学舌的老公，乔装打扮成护军跟着打前站，来至正阳门楼。专等随扈庆亲王探查问询，核对在外城发生的种种意外死人事件。一是想改变庆亲王的主和不主战，二是想叫我等出城探看虚实，究竟拳民是否规矩。但等了半个时辰后，庆亲王却只是乘轿远远绕过千步廊，去"走马观花"。当我等追过去时，庆亲王下轿时，无意间见到我后，他耷拉的长脸，总算露出了笑模样，虽面皮褶子颇多，但对我的和蔼客气令周围人不禁暗惊。

其实，说庆亲王与我熟悉，绝非是我看他是亲王故意巴结而为，而是他曾对我"慕名而至"，这与他好赌有关。

庚子年初，端郡王的成立武林盟主，在府内聚集了数不清的"武侠""高士"，多是被重金聘请。庆亲王奕劻曾在斗狗、搏鸡等角逐中多次在民间赌胜夺魁，且赢得重金。但在拳民涌入京城后，京城最时髦的，便是比武挂赌，胜过洋人在天津卫的"赌马"。

如此的赛事，却使庆亲王变得无所适从，因为他多年弃武，所以与行武之行当渐行渐远。要想临时抱佛脚，已无处再寻"高手"。正抓耳挠腮之际，端郡王却将最大的赌注下了"钓饵"勾住了庆亲王——借口"捐助新军"以公开博彩。在此之前，我等还都不知道。而俩宠王却将紫光阁当成了一个"赌场"。于是两位当朝宠王，都在四面搜罗高手。

去年冬月，这对当朝宠王竟在紫光阁演武厅揪捏毯子时，叫所有王府侍卫相互一比高下。庆亲王是"土地爷身上长草——慌了神",一次又一次地到处打听寻找我千余名侍卫中,到底有哪个起码能战平者。而就他的眼光来看,我方也许是唯一的指望。

还是庆亲王平日有心计,也不白钻营净给侍卫们"小钱儿",旗兄们顺势将禁内侍卫搜刮一遍能打的人,最后找到了我等两个——一是鞑靼侍卫博爷,再一个就是我,另外还有一个备选——我二弟多尔奎。他几次下帖,务必要请我替代一下他府上的护卫,但皆被我的值差与在箭亭教习护军的时辰打乱。

庆亲王实无拿得出手的王府护卫,主要原因是他从不花大钱雇请护府武师,只认得西洋兵器。而在十几年以前,但逢此事,总要来找我阿玛来搪雷。当他打听到我阿玛已恭离,眼下倒是有两位晚辈正于内廷执事时,他便哈下腰,一再派人,特经当班大臣,邀我兄弟俩,并先置重礼定我,再用银拉住二弟多尔奎,但一见面便看出来他尚武并不成等。

超出他所料,我苦战的结果,给这位好面儿的亲王夺得个满堂红彩。而那天端郡王府几个王府护卫,竟是事先叫着板,真来此玩命打擂的。直到毯子揪捏到第四场时,庆府护卫无一获胜,只剩下到此来充数的我与老博爷俩人了。现在已败了四场,自使得庆亲王颜面尽失。因尚有六场赛事,便只好将打平的愿望,完全寄托在我俩身上。

但未料到,博爷刚上场,便因不熟悉对方的"路数",只战成平局。虽未败,但正数是五局三胜。我成了他唯一的希望。若想全胜,那就必须在剩下的三局十五盘里,均不得有一次失误,才会完胜。既是比武挂赌儿,应我的赏是嘉庆纯金十两元宝两枚。但此时,他趴我耳边又道:"若胜,王加倍于你。"看他脸上的汗水,我琢磨他这会儿快要急疯了。

我当然明白,他与端郡王的一决胜负,绝非止于两枚金锭,也许是多于数十倍。而端郡王胸有成竹之缘故在于,他已将凡他知道的满、蒙古、汉武师,皆揽在府邸,并号称"天下武府在端"。武行人从来就是因好脸面而敢赌命的习性,真正武行人,倘若失了颜面,不如当时自毙自裁。但狡猾的博爷其用意我懂,他是先来探风试水深浅,叫我乘机识别对手路数。而对手已从布库戏法中,夹带出发力的"八卦"等内功。而唯一化解的办法,即是我演练的太极"路数"。我因要面子,也更为紧张。

胜券全在化险为夷。若能化险，也只有用太极来胜了。而端郡王府的众多侍卫，最不熟悉我"路数"，正好有机可乘。我早有耳闻，被宠极的端郡王府护卫，向来是极小看我善扑营人及曾经的武功盖世。他们都自恃武功高强，但却不一定能胜我营的"它西密"。在平日里，端郡王总到处挑选武林新秀，轻易不放过他听到或见到的武师。但却忽视了我善扑营久研武功已不是一朝一夕，我方聚集的都是八旗满洲内高手中的高手。一个王府再大，毕竟是地窄人稀，怎能大过我朝的"布库翰林"？于是，我便真真假假变换着花哨"黄瓜架子"，叫他看不懂"路数"，即便是看出来，也未等化解即中招。即便他偶尔得势，也会被我狠撂他一跤。

第一盘，我故作傻乎乎拔了拔招，而端郡王府的人则突然敲起鼓来，鼓舞其护卫乘胜赢我。见他急于求胜，这即是中了招——还未等他明白怎么回事，便被我用"双手顶门"胜了一盘。这是个布库戏法与武术的混活儿。我先将他跺了一下，又补上一脚，踢在他大腿处。看似不重其实极重——被踢准穴位的人，便只忙顾于麻筋儿酸痛，再战会有心而无力。而后，我不容他缓劲使招，直接制伏致其卧地不动，在叮叮咚咚的锣鼓声中，被抬走算了事。而此时端郡王府的阵脚开始乱了，我暗自高兴起来。

再一盘开始，新对手突然围着我，跳起很高的乾坤鹰鹞步来转圈。这便是蒙古草原所有布库都要比画的开场白，是敬祖、敬天、敬武、敬王，用虔诚企盼得胜。他认为一跳，我便不能动手了，也得跟着敬天不是？随后不等我近身，他便即时高越起出手。我顺势而为，直奔胸把儿下手，但他猛抓向我右肩，我登时反应过来，他是"左撇子"。我即刻故意给了他右肩，但用一个矮身变招儿，顺带改揪他的袖子。将他斜着背了出去，怕他倒不下去，又给他补了一横腿。对不住他的是，由于我出脚过重，没准蹬坏了他的踝子骨。

接二连三，我镇住了场子。而一个个的端郡王府敌手开始含糊。我反倒是架子多变，招招见新。太极的好处，在于变化多端。前几个，皆败于主动用招，反上当失误。不瞒谁说，这些对手虽有结实的骨架及强大膂力。但一交手我便觉出，他们也许连布库技能"空口袋"都从未玩过，只会张牙舞爪猛扑，玩些个花架势。自心里有底气后，我倍觉兴奋，毫不觉疲惫倦怠，尚庆幸我还留着"四两"，不知能将谁的千斤给"化"了。

最后一盘，我若胜，则全场大赢；我若败，则仍算战平。但对手的车轮战，尚未结束。我只有佯装疲惫，假意着急要快速了结。但对方却只不停地围着我转圈儿耗时，并用力左右推搡我，而绝不上前。或想引我前扑上当，抑或拖延时辰。这一局若负，我还要再比一局，又要坚持三盘……而其手劲告诉我，他是以拽拉为主——他要来"披枝子"。此土招阴损，属伤人的路数。有武德的，绝不会用此黑招。我便左右化掉其搡力，干脆用上"遛皮口袋"（一种布库技能）的笨力道，叫他不得不随我转动，以致离开地面，场上登时一片喝彩，这时蒙古王公等大呼"塞恩（好）"。若平时，他早该主动罢手认输，但此人不甘于就此认败，竟在空中腾出只手，猛伸向我腰把以下，若再低即是要我命根子……见此，我心一狠，猛一变脸，借往上再往下的一个扭力，啪！将他面颊栽地，甩在毯子上。登时戳了他脖子，将其摔昏过去。场上欢呼而起……他既失武德，我还巴不得对他狠上一点儿呢。

后人常问，若真将他摔出个好歹怎么办？比如说"三魂六魄"出窍或是"亡殁"什么的。

在紫光阁从来不提生死，特别是真殁了的人。从来会告诉我等，此人养伤疗伤休歇长歇等，或调至他处。尽可能委婉说，绝不能给胜者直言"谁谁殁喽"。这便是紫光阁的大规矩。

听一位在紫光阁常年值事的老侍卫乐着说：这景儿他可是只听说过，但没见过。今儿算开了眼了，那就是全胜而无一败绩。多少年没见过的金叶子[①]、金蕊与银蚕豆、银顶针，从嫔妃方向投来。我不得不哈大腰行礼。尽管一地黄白亮物，但我知道规矩，是万万不能捡的、这足彰显我武行人的大器与德行。而庆亲王竟快意地一边小跑着上场，一边用羊肚巾喜悦地擦着冬帽下的汗水。下人先将赤红绸面驼绒斗篷披在我身上，我被簇拥着去领赏金。后有人告诉我，一只牛皮鼓竟被鼓手敲漏。

十五盘里，我无一场败绩。不敢说尚有余力，但尚能再踢打几跤。我受阿玛的熏染是，此斗假若是在沙场上，并非为建勋而存活，但最起码证明，我并未殁在敌方脚下，才算对得起阿玛及家人。从那年始，三年里，逢每年

---

① 金花、金叶子、金豆等，都是明代时兴起来的内宫之"玩物"，专用于嫔妃赏赐的奢侈品。内廷有"皇上赏元宝，娘娘赐金花"之说。

当月，庆亲王总会将礼品直接送到家宅。当年最吓人的是，当月便命人一下牵来六匹蒙古马驹，真把阿玛乐得合不拢嘴儿。还有女人用的苏杭画布彩绸及胭脂粉盒，我旗人最爱吃的黑羊羔。用此种羊肉涮锅子，进锅即熟，尚能生吃，旗人之外的富户，都未必总能吃上。

也许庆亲王和我一样儿，想起这露脸的事，他满脸的褶子，并未挡住笑逐颜开。打量过我后再执我手道："多尔济，别来无碍呀？您小武官珠子多大啦？"

我忙弯腰道："回庆王爷话，托您的洪福，尚且平安，孩珠儿已有九岁了。"

"好好，这真好。"他的问候令在场人大为羡慕，他道："富察·多尔济父子，是我大内的满洲高格御前侍卫——本王年轻时可不如他，你等要拜师啊。"贴身镖师也眼熟，连忙对我哈哈腰身。此时，我由打心眼儿里头，倍加感谢阿玛与"太极"，即"武术串布库，满天下行路"。阿玛即是我的榜模。

下值回家，又见十几个西瓜摆在街门口，旗邻道："王爷派人给您送西瓜来啦，这还有一个锦匣呢。"

家人早奔了西山，这几个"宝贝"也只好送给旗邻了，今年的京城，您有钱，没东西。

自此至庚子联军陷城前后的多年，凡庆亲王选侍，无不请我代他核考，而我家最熟悉的送礼人，多是庆邸侍卫。而他府中侍卫，常有我委派的武师，常随我教习排编。

光绪十六年，我朝仿习西洋巡警制，增设巡捕中营，仍由步统衙门节制，是为提督九门步军巡捕三营统领，庚子后，完全仿效西洋联军，设"善后协巡营"，即后来的"巡警总厅"，替代原属步军统领衙门的巡捕营。后肃亲王善耆任统领衙门都统，正式创设巡警部，开办皇家警察学堂，军警编制正式分离，我朝警察制度才有了眉目。

而那些新军旗兵的大小件即是：佩带打子的新式铳，外号"十三太保"，左腰间挂一个帆布弹包，还有一支式样飒爽的盒子炮，也是打铅弹的。右边挂一硬皮弹匣。光这俩长短家伙，已极具威慑，好不叫人因羡慕而顿生妒忌。其德国洋刀的短红飘穗儿，短匕首把儿上是彩色流苏，土绿绸布西洋把儿带，更是令人目不暇接。这是神机营章京级官品才可佩戴的家什。若再骑上灰兔毛闪缎般皮的马，总有人追着看，而那铜铃铛，能响彻一街。

自老辈的醇王奕譞早年组建神机营禁军以来，到了端郡王这代，最得意的莫过官兵皆是多件新式兵器。一只带弹夹的新式后膛洋枪，再佩上新打造的虎头把儿洋刀，假使是军阶低的兵勇，轮不上佩洋刀，但站岗时，还照样有一杆虎皮枪杆的长红樱矛。凭这长矛、洋枪的"清加洋"，就叫营兵受了大罪。这是什么配套？中外皆罕见。最后，只有在站岗时才配长枪，而新军的打扮，越来越像德国与倭寇的混编军伍，日式的出檐帽子、短立衣领，着德式皮靴马裤，而所有弹匣又是英式，指挥刀仍是德式。帽徽倒挺新鲜，帽正也变成用大子儿般厚铜压成的帽花。

六话　李莲英与我

自老李知道我还是大公主外侄后，见面总是话语渐多："瞧您拿刀一耍那劲儿，和阿大爷一个样。呦，您还得管大公主叫……您阿玛可好吗？"

"该叫'公主婶子'。"尽管听额娘说过，祖宗是既曾攀龙也曾附凤，但额娘从未提起富察家与大公主攀亲之事。

见远近无人，我才敢搭话李莲英："阿玛常说您是长辈儿——"

"不敢，咱家是奴才，早看您像他，英雄都出自少年呀……"

李莲英见我仔细打量皇太后的"鸣凤礼舆"，便说道起来。刚才，先到的懿用无篷礼舆，是以藤制为主；两侧各有一根儿丈八长竹杠，一对大横木和两对小横木，由十六人捧抬；舆外套杏黄色贡缎，外罩金线薄纱，四面各绣一条蓝色飞凤；内壁衬一层鲜亮明黄色缎，上绣八宝图案：有仙鹤、灵芝、绿松、白磬、淡红宝盒、浅黑色鼓板、灰身银鳞龙门、雌雄玉鱼；两边扶手包丝棉杏黄缎；扶手背面还镶着块西洋镜子，谓之照妖镜；座前有一个包黄缎子的桌案，可移动调节；舆尾处匣内还放着点心盒与胭脂粉品方盒，其梳妆物件应有尽有，还存放一柄按摩脸皮的"圆玉尺"……而今日的皇太后，多不再坐"鸣凤礼舆"，大概是受不起颠簸。

李莲英因年长蹒跚而行，他唠唠叨叨的，总算和我一齐走进了宫门。送夜宵时，盘碗多出近十道菜果。传夜宵的老公还多了句嘴："主厨师傅说，内爷随便想吃什么，叫奴才带过话去。"甫说，这是李总管的照应。看来李老公也算是"禁地的蚂蚱比鹰大"。

其实，两宫移驾，尤其是去外朝走走，先想起来的便是我等侍卫。而"行走""散秩"们，都是大腹便便，连步辇也追不上，反倒是随扈的"迟类"。

老李说，皇太后不喜欢眼前晃荡的这些个"散秩""行走"等，他们曾将銮驾目的与去向在内城的勾栏酒肆中"侃"出。若传到别有用心的人嘴里，更会变味儿。更有甚者，还会编造出奇闻邪说惑众。假若某宫再说个什么话，他们也会说得神乎其神。若两宫真商量个事，他们便妄加猜忌出"后宫秘闻"。所以，皇太后极不待见他们。内廷若稍不顺心，便会不叫其陪侍，会尽早打发出宫混饭去。这自然成全了我等。极愿随驾的阿克当阿、鲍牙阿嘎、辛九爷、阿克麻额等，尤其是蒙古侍卫最吃香，他们非常规矩讲究。

侍卫阿克当阿，正白旗人，姓瓜尔佳氏，爷儿俩同门为侍。阿玛为景运门值臣，他为乾清门二等侍卫，领内右门章京。其已三十岁有余，是靠父辈与军功来侍卫处的。虽说这里有的是识文断字并通诗书笔墨的主事、笔帖式，但最能白话的就数他了。上至天文地理，下至《三国》《水浒》、西游孙猴、诸葛亮、周瑜、刘玄德、曹操乃至阿斗，没他不侃的。

他和鲍牙阿嘎常是先捧着大酸枝梨疙瘩烟袋，一个劲儿请老李抽烟，常紧随其屁股后追出去送行，直等其走进锡庆门才罢休。但老李压根儿也没正经拿眼瞧他俩。凡遇他不待见的，准给这脸子。尽管他只是长春宫管家，但其名声权柄，早超过真正的宫监大总管。

七话　禁地挡郡王

要说咱和他有交情，还得从头回遭遇端郡王——这个冤家对头说起了。

内廷规矩，遇外人进内宫时，我等必须要随行，这叫"扈宫"。侍卫出面，既可增加皇室的威严，也可维护内廷的平安。结果，刚跟进，端郡王便粗着脖子轰我等走："你等都是谁？敢跟王来此禁地？"我听着别扭，这岂不是喧宾夺主吗？便没好气回他："乾清门扈侍！"

"那就远远闪开！区区几个假武把子！不怕本王烦恼吗？小家伙？"见他醉醺醺的，本想说他几句，但还是忍了。阿克当阿刚随其走至宁寿门，便再也沉不住气，拦住就问："横嘟！您是谁家的王？"

"王是当朝钦赐郡王！怎么啦？"此话问到要处，端郡王当即翻脸，"你这个无名兵卒胆敢犯上！你大不了去叫御前大臣。"

"出口放肆，不容藐视御上！"阿克当阿最会煽惑，但却不敢真拦他。宁寿门前的黄马褂侍卫见他如此狂妄，当即拦下道："等等——酒后不得近门，先要去喝醒酒茶才成！"领人来的老公一见黄马褂如此说，便躲在一旁看热闹，两面都获罪不起，他来了个"金人缄口"。端郡王恼羞成怒，便对阿克当阿伸手即搡，道："那归皇太后来罚，但我先杀了你！现如今的皇上是'百斤面蒸寿桃——谁说不是废物一块？'"

"大胆！敢忤逆犯上！"此语激怒了众侍，呼啦啦地将他围了起来。但端郡王一行，并不相信谁敢拦他，仍是往前挪步，那几个红衣随从也将胳膊挽袖子，冲上来夺我佩刀！我一时手起刀落，我的佩刀很准，只"沙"的一声，其左衣袖当即被我砍下来！端郡王的胳膊一下子露了出来。

平端果盘、正要出皇极门的几个宫女见势不好，惊叫着返回，都乍着胆子喊："皇太后到……"端郡王终于被吓住，虽嘴还生硬，但被钢刀砍后，他不禁大汗淋漓。一堆衣着混杂之伍，被老几位呼噜噜地给驱赶出宁寿宫门外，众侍卫故意将腰刀碰撞金狮石座上叮当作响。一个个的全砍断了裤腰带，叫他们都提着裤子列队。

"就这么叫他走啦？不成！得揪回来！追！"既已动了刀了，也就不必再拘什么面子。见我还犹豫，马蛮叔告诉我："先甭急，头几天，刚往涵元殿又派去了两班侍卫，都是顶班的，而瀛台岛上，还有一班弦弩手。"直追到西苑？不妥，没上谕，谁敢出宫门追郡王？我暗想，御封的王，竟敢如此犯上作乱？这股火气，直过了个半月才渐渐消去。

当时，皇太后的凤舆正进锡庆门……结果，不知是好事还是坏事，我竟落得个"挡王侍卫"的称呼。后听李莲英讲，那次是两宫记住了我名讳。连在场的宫女与老公、苏拉，都念说我执法如山。但真正得赏的，却是阿克当阿及博尔波汗几个，说"皆出刀狠快不说，极有救驾的气势"。但光绪爷却与皇太后同在皇极殿内，唯独没赏我。但我想得很开，总不能都赏吧。而阿克当阿讲起此事来，是净顾得标榜自个，却不提我砍下端王袖子的事。

阿克阿当自甲午之战从朝鲜溃退至丹东。他仍在败退中不断专拣软柿子捏，杀殁倭寇多个散兵，因其保护过聂世成、叶志超等，后平安撤回而被赐都骑卫爵位。他有实战功夫，拿起刀枪棍棒来，能勇猛抵挡，耐久力强。在与侍卫比试的矛法中，总能连胜。但与我一徒手对仗，不论是布库戏法，还是空手擒拿，没等几回合，他便败得不可收拾。尽管他使出朝鲜的跆术，此术多为从我善扑营传出，而再修改的"土招数"，但却毫无我营人的硬功扎实。凡是一干用脚来赢人的，到我们手下，是"老猫吃蚂蚱——菜总归不大"。我则是得益于蒙跤、汉擒及太极内功，最能使他焦头烂额。不仅他见得少，而且在满是高手的侍卫堆儿里，仍有很多人不知太极为何物，也就更不知杨、陈、孙、吴等多位太极武师的厉害。

最后，他惨败于我，不得不服气认输。我该着是行武的贱命。从来在格斗前的刹那间，往往会热血沸腾。欲罢不能地非要动手，还肯定能胜。旁人总说我是犯了打斗的瘾。阿克阿当虽内心不服，却又无计可施。几个

"硬仗"败给我后，已无力再战。

虽说禁地挡王没得赏赐，但上次的瀛台救驾，我的确摊上了好。话又说回来，许是李莲英从中助力。

因曾云西苑救驾，后没几日，懿谕便传至乾清门丹陛。我又是等品俱升。当晚，阿克当阿竟在子时当值时，专拉我至箭亭旁的一排草棚里去"忤逆"——喝贼酒。这棚原打算是为今年春起儿备做招武举科考的裁棚用，但因义和拳事起，故朝廷不限期推迟。因棚装点得极为别样精致，不亚于御花园的万春亭的摹本。还紧依有"国语骑射御碑"的箭亭北侧，所以暂保留下来。再因为箭亭前同为锡庆门执事范围，于是便成了我等这些"脚局子人"的暂栖之地。在此地，夜里能偷喝烈酒，白日也能角力，阿玛说，他在时这里就曾算一处最安静的习武之地。

在这可尽情侃山、骂街，外面再命几个护军孩珠崽儿，轮流给打哨。除归我们管理之外，锡庆门南端的几排营房的护军佐领，都照样得听我等传喝调遣。而且这是"散秩、行走"绝不涉足的地方。似乎他们早和我等没了关系，有的连姓甚名谁都不知道，最短只有几个月，外号却是叫"赛褡裢""糖酥烧饼""螺蛳转""抢地皮"等，几乎全是吃食类。他们认为我等皆是坐地户，会长期在这"服役"，而其镀上层金皮儿后，皆会有自个的发达，因此，干脆互不干涉。

而继禁地挡端郡王事后，又发生了颇为惊险要命的事情。蒙古侍卫爷额克麻阿告诉我件事，侍卫乌尔阿行到定府大街时，差点被一冷箭射毙，箭镞直进了脖子，现在还流血不止。老几位一得知，便即刻想到我的安危。因乌尔阿的身形在远处不细看和我极相似，而我在从内廷换岗到颐和园或圆明园时，经常是会骑马走这条夹道儿穿笸箩仓，再路过德胜桥，出西直门外，西直门内住有我阿布哈（岳父），正好是顺路常过。怎么着？敢跟我来？老几位都嘱咐我，路上多加小心。其实，这我倒不怕，你端郡王还不是大清封的王？算计我？哪天我还专去你端郡王府转转，要不怕您府上冒烟，就再来一箭！

八话　旗人姑奶奶

"嗨！咱俩是一根儿绳的蚂蚱嘛——上回听说，您弟妹属镶黄旗，这回我带来一个乐事儿。"我心说："你小子嘴碎多事，我二弟婚娶与你有何相干？"我本憋着想翻脸，但他照旧赔笑脸哄我。

家里早该给二弟娶萨里甘啦，但阿玛烦的是女家儿长者总是今天推明天的，没准主意。旗人若非不得已高就做皇室额附，谁敢随意退婚还彩？没准人家要告上翼衙门。

这些年，若不是镶黄旗内姑奶奶全成了老姑娘，才不愿嫁到两黄旗外呢。而除去我们对皇上不拜大礼的黄马褂，其实还有人最受殊誉隆恩，那便是旗人家尚未出阁的姑奶奶。姑奶奶见到皇上都不行大礼，谁知哪位姑奶奶，明儿个一抹胭粉擦脸儿，就成何等品别嫔妃，所以早当该敬。比如说，我朝崇琦大人，其妹及女，同侍奉同治爷，一个皇后，一个贵妃。

满洲姑奶奶的脚大不说，且脾气都大。但话又说回来，就算是生在皇亲国戚家也得嫁人不是？这事曾成为正镶两黄旗内的大事，几百个对付不出去的姑奶奶，不是与人出走逃婚，便是为嫁谁谁的，上吊抹脖子、跳河、偷情，要不然去追优伶戏子。为的什么？还不都是阿玛额亲给耽误了，搞得八旗其他六个旗的媒妁，干脆谁也不保两黄的媒。

最惨的是，镶黄旗的一位小姑奶奶和个汉军小子相好，两人幽会被阿玛撞见。告到旗翼衙门那去不说，还打着宗人府牌子借了兵，抄了汉军小子的家，还打伤了老家儿，并将小姑奶奶囚在地窖子里。结果，小姑奶奶凭一条裤带上吊自绝。她阿玛傻了眼，在哭诉中把自己的过失事儿露了出来。还有那一对跳大清河的小冤家，是旗兵习六咯与一位镶黄旗参领家的姑奶奶，因是私订终身，女家儿又有了身孕，被家族挤对得有口难辩。这边是，再难问嫁，那方也无资格敢迎娶，都不是门当旗对。尽管是二人好得寻死觅活的，最末尾儿，俩人无路可走时，便做了一对水鬼鸳鸯。小六咯长得白净勇武，虽非官长，却是个炮甲，只是长了个六指罢了，满语称之为咯咯儿。丫头算是该着命薄，设若家不举，官自当不究，遂成其好事，但只是命中该着。要是没有女家的阿玛阻着拦着，转念便是生儿育女，阖家万安，那该有多好。

各旗营因婚姻屡出人命，有御史言官便递上折子，报到皇太后那。正巧，阿克当阿正在太后身边随扈。结果，听宗正与宗令结结巴巴说了半天后，遂被西宫皇太后连数落带骂一通："这等屁事也敢拿来问我？难道说，镶黄姑奶奶就不是旗人吗？总共还有多少个在五服内的皇亲国戚？啊？都想叫姑奶奶做福晋、招额附？生龙育风的，不是做白日梦吗？"

宗令本想说更明白些："是这样，凡生孩珠子的，属正镶两黄旗姑奶奶最少……"

皇太后更急眼了，"又是什么上三旗人，连打仗都要请包衣去，他们还算是上三旗人吗？就说我说的，两黄旗若再有姑奶奶出事，出一次娄子，抓佐领一家，再出，抓参领一家，凡是这么殁姑奶奶的，粮俸、袭俸全给我免净啦！净光吃国了，闲得没事找事！传我口谕，五品官以上，均不得娶两黄旗下女子，违者免俸罢官，叫他们都绝了后吧！就说是我说的……"阿克当阿绘声绘色，将在御花园内听来的，都讲给了我等，讲得我在座几人，登时哈哈大笑起来！

"后来呢？"我忍不住好奇心的驱使，接着问。当年娶萨里甘时，她差点也抹脖子。

皇太后传下懿旨，今明两年，凡镶黄旗嫁姑奶奶的，一律多加"喜俸"，连马也多给几斗黑豆粒子……还有好事就是，凡在京民等一干人，再不准给小丫头子裹脚。凡官府知道的，要捉拿其长辈，关篱笆笼子，还要罚钱。

汉人就是总离不开裹小脚，常将汉俗列为规矩。我朝早有令明申，不准再裹小脚，但就是没人听劝。听阿玛说，早年每旗人数，算上包衣不过万余。有"旗兵过万，赢地胜天"之说。等顺治爷清算完多尔衮再看，八旗却只剩下老少、姑奶奶等。从此，我镶蓝旗便一蹶不振。最缺兵员时，只有叫活丁，多纳旗外的姜，多生孩珠子，生怕闹人丁荒。八旗满洲总得靠人去打仗求生存。因此，生小子的家中，会大办酒席，热闹非凡。若生丫头，最小您也得是个章京，不然的话，会没人搭理您家生没生孩儿。哪怕从门口过，装傻的人，准特别多，请安或见个礼儿就算是不错了，扭头准会咧嘴说："又一家绝户的。"旗人生闺女，从不摆酒席，更不敢请谁来。

旗人家的萨甘赘（女儿），长至十三虚岁能选秀女时，开始被家人称姑奶奶。就这选秀一事，谁知哪天、哪一位姑奶奶能攀龙附凤成妃嫔贵人或正侧福晋。而以姑奶奶的地位，遇皇上、王爷，可不行大礼，不下跪，更别说见皇亲国戚……

酒话至此，本可告个段落，但他又提起正黄旗的格格姑。不单是老姑娘多的事了，而敢娶她们的，连八旗满洲各旗，也接不上人丁荒。这叫"宁娶'剩'宫女，不做两黄婿，想着赘插门，留神丧真魂"。正黄旗的老辈儿男主，能做姥爷的越来越少，这同是一个缘故。

提起做额驸，在外人看来，似是无比荣耀的事情。但从乾隆朝开始，谁都怕做额驸。额娘说，虽说是在金殿上，那花红金碧的排场令举国羡慕，但在新婚花烛洞房，公主若没个话留住额驸，那额驸则绝不敢自行留宿。何时再见面，还要申请并经公主点头允诺。一对儿新人，真好比牛郎与织女。旗人有"苦命的额驸，短寿的公主"之说。很少见过真有长寿的一对，多是活受罪的"隔世"冤家。倒霉的额驸不老少。最出名的，要数我朝孚郡王的三阿哥载澍，同是皇亲中的龙子龙孙，因迎娶了皇太后外甥女，最终被皇太后之妹即载澍的岳母告了"懿状"，直将其关押在宗人府十年之久。有吃有喝的哪儿都好，要不是八国联军攻陷京城时大撒把，为关押拳民便放了所有在押臣民，载澍早就被关丢了魂。旗人说他连后都耽误了。

旗人家闺女，到底是谁给耽误了，其实，旗人自己心里明镜似的，全是老家儿给闹腾的。老家儿原本只是个低品武官，总没高升的机会，即使是升了官，但只要一闭上眼，晚辈便不一定再承袭品等，就算是承袭了位子，但也是越混越低，最后混成了什么也不是。为此，那就一定要攀个正得意的高枝儿，旗人家闺女是不能自主婚配的，只能够三媒六证，长者做主。即便是姑奶奶心里有了主儿，男家谁也不敢找上门来。来来回回耽误的，最后还是姑奶奶的青春年少。

姑奶奶们本不是娇生惯养，而是家境优越，既无衣食之忧，也无清规戒律。旗人家大都不是文通满汉、武艺超群，但生就一身天生当家做主的霸道习性。大姑奶奶的"大"字，极有说法——大脚丫子，穿大高桩的花盆底儿，大甩胳膊走大步，顶大号的拉翅缀大牡丹、大芍药等大花儿，大着嗓门子说话，敢撇大嘴哈哈大笑，饭桌子上敢喝大酒，大大咧咧地做大事，做事从来为敢作敢当，谁叫咱家有老辈儿的为国尽忠呢？不信去大街瞅瞅去，还有姑奶奶跂拉着"高桩的花盆"，满大街撒腿跑呢。汉女儿的小脚丫头，最爱看这景儿。

谁要是闲得惹了不如意，还甭管您是谁，姑奶奶要发起脾气来，那可是大喊大叫大闹，还真敢拿菜刀往谁身上剁。从来更敢站在高阁子上，大有敢朝下蹦的主张。其实姑奶奶哪样都好，向来知道疼男主儿，且对两家阿玛额娘也孝顺。可有一样，就是不得烟儿抽，这全是和汉人的什么《女儿经》有关联，"明明是烈马，非当驴吆喝"。究其根源，便多是行武老家儿脾气大坐下的根儿，姑奶奶能没脾气吗？还告诉您，凡是姑奶奶，还不带续弦的，只要原配！配也得是给王公做大福晋。

但很快没几天，年内又出了新事件。京城突然到处是"下嫁"的两黄旗姑奶奶，又传来各营翼缺接生婆的消息。原来两黄姑奶奶问嫁的一多不打紧，别的旗也紧张起来，生怕姑奶奶们将她们相好的"额驸"给抢走，便全凑份子张罗紧着去拉住媒人、喜翁及吹打办红喜事的。这时京城是大有缺头。不知什么时候流行起一个"十八缺"来："一缺轿子，二缺媒，三缺八字，四缺吹，五缺童男和童女，六缺七姑八表姨，七缺老辈儿做全和，八缺红绸做墙围，九缺花生和栗子，十缺唱戏的打对擂……十一缺请份子钱……"这回倒好，挣一年的薪俸全花在这儿了。

九话　大清"万圣节"

　　我朝是六十年一甲子，旗人也称"六十年一反古"。意思是，凡六十年前的东西，即是古董、古事、古居、古文等。虽往事不堪，但又不得不提在庚子年我参与光绪爷万圣寿仪，俗称"暖寿"。提起见识，我只知每年进六月，不论商家或旗民百姓，都会在旗营及六部等张罗下，动用帑币与民间资财，为庆贺我皇寿日作准备。

　　六月初，京城便开始四处张灯结彩，如同过节一般。所有临街门户，皆要张贴寿字或彭祖画像，等待万圣节到来。无论大人或孩珠子，都要穿花衣裤褂，特别是要穿栗子色的寿坎儿，以示福寿共济。寿坎儿是满洲各都统衙门专为祝寿而制，颁发给旗人的。前胸处印有满、蒙古、汉三种文字的寿字，只要是不破，可以每年都穿。若家里因贫穷无力购买寿坎儿或灯笼的，会由大小的商家直接派送到家里，尤其是住在内城街面上的旗人家，还会被赠送带寿字的红灯笼，与小鞭炮等玩物。暖寿期间，西时关城门后，可破例允许孩珠子到处燃放鞭炮。九门步军，在前后七日里是只巡不禁，不依钟鼓声而禁止行人。各寺庙也别出心裁，白伺候七天香火，特为彰显皇家在万圣节盛典期间的大度与宽容。

　　记得小时候，在西直门内的崇元观前，我曾被大人抱着追看"暖寿銮仪"，那真是人山人海的拥挤不堪，常见到靰鞡丢得到处都是。再大一点儿时，便开始围着皇家仪队四外乱跑乱窜。而穿彩着花的仪兵，尽管总将假刀假枪拍得稀里哗啦的，但绝不吓唬奔跑的孩珠子，还会不断抛出包彩纸的糖果、各类饽饽及十二属相的木头玩偶，而最多的是小木头金龙。而光绪爷的属相，是必须要忌口不可言传的。

　　最好玩的是，谁都能捡到从跟随仪队的马车上扔下的碎冰块儿，用来避暑去热。当年二弟等小阿弟得到的便是旗营中颁发的镀铜小铁寿牌儿。

美得他挂在脖子上，满处显摆说："皇上发我的。"

入皇宫值差几年，总觉皇上的万圣节，一年不如一年。尽管如此，但仍是热闹非凡，在大街、官道旁还有新景致，即"奉旨拳民"与九门都统旗兵一同恭立站值。拳民的衣饰是以粗布为多，但鲜艳的土黄，再穿插大红，值立在净水泼过的黄土道边，显得分外扎眼并别有滋味。时不时能见到拳坛的八卦旗与湖蓝色的官旗，并排在城楼上飘动，而在去年旗人还在担心拳民会否与太平军一样影响人们生活。今年不如往年。临街商家门面，只随意挂上几盏红灯笼充数。而在去年，为此还捕拿了多个商主，皆因悬挂旧灯笼，而被羁押在巡捕房。甚至旗民，也被逮拿不少。后来多亏皇太后发话："各别民人贫困，无可贺的物事，何必拘于囹圄？放了吧。"这么一来，旗民便感恩起来。

光绪爷的万圣节，是依大清祖制，每年都要在民间庆贺一番。而在逢五、逢十年整数时，即为大庆。不论逢大庆、小庆，前七日皆必须要在内九、外七、皇城四门的城楼上，于凌晨卯时初刻，天亮时，放一回等同寿日数目的"二踢子"。然后，哈德、安定门城墙上午炮也会齐鸣。再于正日卯时，由銮仪卫中校尉、旗卫、郎卫、老公、杂役等，手持多种旗伞旌罗及五行捧器，列队以维护法驾、奇驾、銮驾、亮轿等。伍起自太和殿，净鞭响后，奏乐连连，然后先南到太庙祭祀牺牲，再出午门，转出西安门，北拐游皇城示喜，示之万民同庆。銮仪队鼓乐笙箫笛管加炮仗齐鸣，以示我大清皇帝龙体健康，皇威与圣寿齐天，其意在安定民心。我因从未参与过此节，所以就特别想加入暖寿喜队，能以此对我皇效忠。自会感幸运无比，这对我也是一个千载难逢的机会。因西方列强等乱，令今年京城形势极为特别，所以内廷要加派我等随扈寿仪，并加派武卫军，均荷枪实弹。出西直门后，要往天空放三十响铳为贺，以避邪镇妖，为我皇祈福纳寿。

于五月朔日接旨以后，我等便由宗人府会同六部召集，并抽调侍卫、老公、銮仪卫等人，匆匆开启銮仪库，早早准备所有的当用礼器。而还要在圣诞正日前七天，便开始游街"暖寿"，以昭示天下。此举虽连年都有，唯独今年不同。今年实在是国内外危机四伏，而逢暴热时令，也使所有人为出行发怵。

自戊戌年皇上"上岛"，总是由大阿哥溥儁频露面恭代皇上。而陪在皇太后身边的也成了他。尤其在去年与今年春起儿，大阿哥恭代我皇，前后祭拜了奉先殿、大高殿、天地日月先五坛。这使我们敢怒不敢言。再加之溥儁从来是指指点点的，从鸽子到鸟，从蝈蝈、蛐蛐到油葫芦，从不空手，还要有专人专辇专运。他向来对我等撇嘴带不正眼瞧，这更加剧了我等对他的蔑视，于是，连护军、老公在内，都主动张罗借此机会躲开他。

当日五更，指挥使便从西华门外用蒲笼车运出御鸽。看似娇贵的御鸽，在车笼里憋得咕咕乱叫。平日里，总连同西华、东华两门及皇城马厩内的御鸽一起哄放，好叫它们抖翅飞飞。再有将列为"千里使"的名贵信鸽，赶入鸽群，活动筋骨。这本是备战的御用信鸽，在这几年里，多被所有人淡忘，以至于数量越飞越少。记得早些时候，喂它们的吃食，都是来自热河、黑龙江、吉林一带进贡的红、白、青高粱米，御鸽不光喜欢吃，且还能给自己祛病。但京城御鸽常因照料不周，和蒙古马一样，年年因闹疫逝殁甚众。

而它们的祖先信鸽，多为社稷建功立业，皆有渊源与传世家谱。但常年饲鸽银一再拖延亏欠，将饲喂人挤对得满处求爷爷告奶奶四处借债搪窟窿。借到就继续养鸽，难以为继的，干脆赌气将鸽子倒卖出去。结果，将京城玩鸽子的黄带子公子哥儿，促成了独门一派。而真正养御鸽的，反倒都成了次要的了。若御鸽到了公子哥儿家里，倒是精心饲养，绝不含糊，多以此为荣。而养鸽子最有名气的，便是恭亲王家的长公子载徵。他喂养的数种早就多于西华门外的御鸽房。而朝廷不得不经常租用载徵的鸽子，以图"便宜"。但载徵病殁后，恭府现只剩了少许御鸽，都说"有电鸽（电报），该饿死活鸽子啦"，可惜了京城的"十万"御鸽。

光绪二十六年六月望日前后，我晚晌戌时上差。挺远便见几护军在东安门额上，正用竹竿挑挂几盏大红灯笼。与以往的区别是，在门额中间，吊加了一个用松枝子与鸡冠花编成的寿字，两旁还插起彩旗。等过望恩桥时，桥头已搭起高高的彩棚，几个裱糊的彩金大字远远得见"三秩圣诞，万寿无疆"。光绪爷的诞日是说到即到。

每年我旗人，都将两宫的万圣节当成盛典，内廷还会邀文武百官在太和殿相聚为庆，并逐一按部收寿礼单。

旗人有"皇上的寿日，旗人的福分"的说辞。从供给"钱粮米俸"开始，像逢年节一般剧增。累及吃喝、布料、银钱、散铜子儿等，不敢说应有尽有，但敢与元旦比肩。遇十年庆时，会强于元旦岁夕。戊戌改良的前一年，也近万圣节。因天下丰泽，先是蒙古王公张罗给皇上祝寿，送来了万余活仔羊活仔鸡仔鸭，以致满京城内乱跑。满街的散装老白干儿酒味儿，从南城直飘进内城。

当日闷热，又夏日天长。辰时初刻，由与九门马军引路开道，十二个壮实的銮仪郎卫高举寿字水牌儿，后跟八个老公抬金椅、金机等，这是表明，皇祚至高无上。随后老公各执麻绳拂尘，再后是十二个老公扮成穿补服的文武官员，示意全国百官都在给皇上祝贺。再即是銮仪卫，皆穿插着手捧金壶、金瓶、金盏、金盆、金香炉、金香盒等，并腰系杏黄绸带，举御赐黄麾、金瓜、木流、长戟、彩麾、旌旗等物。乐队中最显眼的，是队伍中戴红花船帽的銮仪兵卫，支应着高高的卤簿銮仪。前由护军引路，后续的人，总算是没被奔跑来去的孩珠子挡行。而护军与我等黄马褂，则在最前、最后、左右。为应付意外，护军安排百十匹马，再前去蹚道。为不将净水泼的路面踩坏，我等与马军就走大道两边。

京城百姓最喜看的是平日难见的皇家銮仪——算是稀罕玩意儿，这与尊崇皇上有关。尤其銮仪郎卫手里那些高举的刀枪剑戟、斧钺钩叉、鞭铜锤抓，真是明晃晃亮晶晶，极显威风。尽管没一样是真家什，是戏台上的花活，但由于其耀眼夺目，倒是给老百姓增了追着的看头。

銮仪卫是我朝最高的皇家仪仗营翼，其仪库在禁内，但营盘却在皇城东北。若没这些赏心悦目的货色，那真正辛苦的宫廷乐队，可真就白忙了。大六月的闷罐天，水不能饮，凉不敢乘，在哪待着都是汗流浃背。而得亏有打前站的老公，在西八里庄等拨子地，早搭好凉棚，备齐茶水冰块儿。

而令我最揪心的，是那抱长喇嘛号、画角的郎卫，都如同捧着支支从河里捞上来的滴水的长水管。天气烦闷，人也倦怠，骑马没走几步，我等都汗如雨下，衣装紧贴在身，尽管不是晴天毒日头。心里暗思忖，不知我皇万岁是否知道我等的辛苦。而几百人在如此"行仪"，只是刚刚开始。已经走过一回的阿克当阿，悄悄对我说："别急着走，一出东安门，尘土会叫人喘不过气来。而只有故意落下，才能紧追赶几步。既能凉快片刻，又可偷取个机巧。再说，僧帅的嫡长孙——銮仪卫大臣阿穆尔凌奎，连面都没露，打发的净是五品朝下的冠军使。即便有礼部大员，也绝不会出头露面。那我等的效忠，还有谁能比呢？"

而回来时，所有出声的物件，便已没人再吹了，来回还几十里地，都是人困马乏了，我等的衣饰早被汗水沤得湿了又干、干了又湿的，绑在了周身。而没过几年，便听说列强某国，同样造了一个"万圣节"出来，我们可一直认为，他们是在欺负我们，竟然将万圣节变成了妖魔鬼怪出没的日子！

十话　洋炮与血肉

待到万圣节正日的那天，皇太后与皇上只是在太和殿前露了个面便打道转回西苑。而今年两宫在西苑内久住的时辰，也远远超过了颐和园。今年的寿日被"拳变"影响得实在不隆重。

未等阿玛退离差事，我便承荫侍卫，堂而皇之地走进了紫禁城。而在入宫前的比武中，我明明得了二十名次前，但却不知为何，后变成前四十名。而阿克当阿、小蔓菁等，均未曾比武，却照样定了什长。但却叫领侍大臣看出破绽来，突然再次在箭亭比试，并大为恼怒在紫光阁作弊官员的闪失。

比方说，赶上同在紫光阁那揪捏毯子，叫小蔓菁的侍卫，竟将自个撂翻在地，以至叫蒙古王公们嗤之以鼻。轻易不来此看热闹的内宫嫔妃，她们可是"稀客"，听阿玛说，自西宫垂政养心殿，紫光阁这才见了女宾。

自小蔓菁露怯后，臊得挂不住脸，不吃不喝好几天，最后死活请愿要出宫做大头旗兵不可。而小蔓菁的对手更是个蠢笨家伙，先是自跌倒在地，然后又死抓住他不放，活像耍猴的江湖小丑，倒意外落了三十两银赏。这是近三个月正俸。

但小蔓菁这人却是单纯义气。天日一长，我等便将他融入进来。其实，学武不难，难的是做人得厚道，难的是真下狠功夫。若不伤筋骨外皮，哪对得起布库二字？还需学些杏术相匹，自是技不压身。后来，当得知小蔓菁（福盛）原是战殁沙场的英烈之后才因此免考入宫时，我等愧之不已，自是对他百般呵护。这才开始教他站桩、吐纳、甩口袋、揪牛筋、抖木棒，也扔扔石猴（石锁），学布库戏法。这才将他早年瞎学的花架子，渐派上用场。叫他慢慢明白"武术不串跤，拳脚瞎胡撩""练技无硬功，踢打本胡蒙"的常理。而我等的武功，皆是靠夜以继日的积累、揣摩、交手切磋得来。寂寞与苦都得耐得。

其实在宫内，到处有我等下苦功的记号。沿箭亭南，路边的松柏河柳的阴面，几乎每棵树根部都能找到被手脚磨出的印痕。不论三更或黎明，多为裸足赤掌研磨。若再看脚丫子上，则皆是骨厚筋粗，明显是伤痕累累。为何在树阴面踢打？因紫禁城内，皆为"圣物""御物""古物""禁物"，随便一棵爬爬草，或一只红头大蚁及燕雀蜓虻等，属天赐有命。再者，明处不碍观瞻。但御花园的树、花、草，别说踢打，连摸都是悖逆。而对练功人而言，我等这叫"练在暗处为不张扬，用于明处方是丈夫"。

听阿玛说，陪恭亲王练功时王曾对练功有评言："御树，高人一等，帝王，与天同等。侍卫，高官一等；武功，高天一等。"大清靠武功得天下，老罕王（努尔哈赤）曾说："列宗高祖是从武功里战出来的。"

可是，这得何时攀比上西方列强呢？赶上西方，哪那么容易？记得我还在抹鼻涕时，听的均是："西方兵器、炮药凶猛狠毒。士兵也是鹰鼻子鹞眼，长有蓝绿妖目……"

老旗人一直将西方物件视为洪水猛兽，但随着同治中兴，旗人渐没了对西方人的极端惧怕，尽管老辈儿还心有余悸。

多日在回家路上，总会看见那一面面四处高挂的"奉旨义和团"大旗，是喜忧各存。虽拳民对旗人客气有余，但诸多旗人总还是远远避开。偶听军机压臣们路过禁地时，曾慌乱地讲道过，在上海早有英吉利等国的十几艘兵舰巡弋。估摸这洋兵登岸是迟早的事，难道真要开仗了？我说怎么两宫今年没奔颐和园去呢。

联军炮轰京城时，天刚蒙蒙亮。我等本还在乾清门前等待报捷的好信儿。但等回来的却是督军的黄马褂——伊尔布根，已变成一个破烂的血人，便一头扎在砖甸上。我等立时傻了眼。半月前，景运门前新来的小字辈儿侍卫们，还利落干净欢蹦乱跳，和同为督军的二弟多尔奎一干人奉旨外城督战，而今日即变成这副惨相。

被扶起的伊尔布根吸了口烟后，长出了气。只可惜现在没有福寿膏，要不能使他立马精神起来。眼见他有缓，大家也总算长出了口气，各自点燃烟袋，登时，一片青烟盘绕四周。突然间，东南方向始终没停的炮声又开始震天动地响起来。浓烟与火球在不断连续升空，并渐渐弥漫过来。

朝廷宣战后，城外护军参佐们，皆开始大批量将整瓦坛的"老烧锅"存藏于东华门楼上及营房内，并带头率军伍大吃大喝起来，见天喝得同烂泥一般。紫禁城外的灯笼与火把，也是彻夜明亮不熄。云集在地安、东安门外的商贩，都大肆向禁军兜售各种吃喝之物。近几年，由于中法、中日等战事，使旗兵对朝廷的宣战倍觉厌烦，尽管红墙内外总公开说是"大胜"。但各营翼的参佐们，谁都不愿对如此备仗解说些什么。我等即便与熟人碰见，不过只比画一下那根擀面杖般的筹棒罢了，似乎是尽在其中了，但其实心里较着劲呢。

提起上阵杀敌，我理解不过就是拼尽全力、杀敌报国。尽管我等只见过教堂的洋牧师，或外国公使馆的洋兵，但并未真面对面与其交战。就连沙场上到底是什么样儿也均不知晓，只是听老辈儿平日聊些精忠报国的事，是打心里羡慕那些历代的豪杰勇士能为国尽忠效力。为此，心里还常痒痒的，总盼着有一天，能亲手去直擒敌首并荣立勋功，也"绘像"紫光阁。我总觉着与英法、倭寇打的这些仗都不该败。而战败的将军校佐，皆是些废物点心，或皮囊软蛋，唯独只有僧格林沁才是我等膜拜的真正英雄。为此，我等还专门一起去过皇城北的僧帅祠堂去敬香。一次见一位长者言道："若非僧帅捅娄子，英法也许不会火烧禁苑……"

我因年岁尚小，但尚知家中长辈曾跟随僧帅一同捐躯身殁，总对其崇拜万分，"若想成将，楷模僧王"。我一听便急了眼，当下翻了脸皮，质问道："你算什么东西？敢如此诋毁我朝千古名将？"

我这一句话，搞得此老者是支支吾吾，茫然四顾而尴尬万分。他明知其话语有过，又见我摸着腰间佩刀，不得不赔礼道歉："话未讲完……你如何知我在诋毁……"多亏身边的醇亲王过来饬责我："当识得翁帝师，以下犯上，不得无礼！你懂得什么？"

这我才知道，此人便是大学士、南书房帝师翁同龢。但后来，我却意外得到一位朝臣的褒奖。他说，在我这个年龄中，顾念家国的人几尽没有。他正是三朝老臣翁心存之子——翁同龢便是。等回家一说，阿玛伸手立时给了我一巴掌道："什么记性？不言语能把你当哑巴卖啦？"额娘也吓唬我说："真要遇见小气人，你还怎去内廷混差值？"从此后我左耳落下病，一遇大声，便吱吱作响。但我并不怨恨老家儿出手之重。若戴上忤逆朝臣的帽盔子，据说在乾隆爷时代，也许还会被除籍呢。

洋炮轰然，山崩地裂，直震得禁地颤抖不停，令我等心胆乱蹦，四肢打战。当阿克当阿等仨侍兄忠魂升天后，可把我等炸傻、炸呆、炸糊涂啦。而现在，能将旗兄们这血淋淋的破碎尸首放在哪儿呢？这里是宫廷禁地，平时里随意站人，都要受到重责惩处……

"得了，学护军，也埋那儿吧，还管他什么禁地？"上驷院处刚栽上松柏、皂角树的草地上土质松软，又偏僻静谧，已掩埋了一溜护军尸首，旁边还有人哭呢，也只好暂埋于此。此时，额克麻阿赤条条的，同身被碎尸上的鲜血浸透，靰鞡鞋噗噜噜浸满血水，尽管是禁地，但也只好这么办了。一旦谁活下来，再想法偷偷迁徙。

将旗兄们的碎尸暂埋后，我等总算哭出了满怀的憋屈。在这些人中，只有辛九爷去过鲁南沙场，见过成堆的尸首。当年清剿逆叛时，若不是有两匹战马事先掉进陷阱，给他垫了背，他早叫木刀杵成肉筛子了。用他的话说就是："老天叫你往西边走，你见到东总会转向。"当逆叛撤走，他便爬出陷阱，落了个遇惊无险。刚才他也是命大，离阿克当阿只一步之遥，炸起来的碎青砖已将他辫子炸散，但人却只蹭了皮毛而已。眼前，只有抓工夫逃出紫围子，毕竟这还有好几百条人命呢不是？于是我便下了恒心。

联军未攻击德胜门，不仅是因其仓促与兵力有限。还因知我朝在德外有大部的旗营。而此门也是装备最强猛的端郡王麾下的虎神营一部，并在瓮城楼设有多座火炮。当联军试攻安定门时，德外的神机营旗兵便开始对尚未集结的联军突然偷袭，使其步步遭阻，并不敢冒进。而神机营沿途重兵把守的最主要缘故，其实是为两宫出城，做好了准备。

而西直门，也未遭受联军攻打。联军是靠大炮仓促攻城，并不敢八面开花。英将西摩尔大败回去曾找理由说，京城共有数十万精兵，所以联军更不敢轻举妄动。

其实，我朝一向是守军居多，并各自为政。若无圣令，互不驰援。再加之派系一搅和，现在却成了皆遇强敌即溃并互不驰援。若遇得胜，即便该撤了，也会赶上来哄抢器械。阻截西摩尔那次，连死洋兵的衣服洋靰鞡等所用都被兵民抢光。连被戳碎的尸首，也被扔进白河喂了鱼虾。而我朝真正的精锐，大部归属武卫军、神机营、虎神营。精锐营只留少数人守内九外七城门。但随两宫之后的溃兵，仍引得联军一直尾随追至宣化。而荣禄自率部，先避开联军锋芒，以等待庆王奕劻、荫昌等和谈的消息，并远逃经保定、正定后转入山西。舍下重炮诸械，只携带新式洋枪，引得联军数次南下，直扑保、正。而香山的少数旗兵，直到沙俄兵到了香山跟前才知京城失守。

旧明崇祯帝，在李自成陷城时，身边独有秉笔老公王承恩一人伴驾侍奉。君臣逃出城后，王老公本想引皇帝到大臣府上暂避，但早吓没了魂的大臣却将崇祯帝拒之门外。这使得崇祯既羞愧又恼怒，只好赤脚跑回煤山（景山），在一棵歪脖儿树上，与王老公并一同做了吊殁鬼儿。后来圣祖康熙爷嘱咐过后代，老公虽不齿于人，但还是有大忠臣。在少时知道此事时曾令我发笑不信，以为额娘是哄骗孩珠子。但哪里想到，今日我等侍卫亲兵，也竟然有落荒而逃这一景儿。而好在比旧明圆满的是，两宫天贵先行"移宫"，在胡同里尚有抵抗联军的数千计旗兵与拳民……

禁城外更大的爆炸声，震得我耳鼓嗡嗡，俩脚总踩不实地。我朝不是也有大炮吗？早在前宋时即有"金兀术炮打汴梁城"传说，怎可能会叫洋兵攻到京师来呢？难道九门提督叛变降敌了？内九外七城门，哪座不是高大威严，历经百年沧桑？我实想不通，我大清竟这么不堪一击！

朝廷宣战前，西苑曾摆有多门仿制克虏伯的铁轱辘大炮。据说，在此可准确打到东江米巷及北堂，但我等所见到的却是，炮弹只围着教堂周边民宅胡轰乱炸……而今日的洋炮，也像在故意躲着紫禁城。也许皇宫真有城隍神仙保佑？禁城会躲过此劫？

我周身皆被汗水浸透，双腿也因用裤子包了尸首而赤条条的只剩裤衩与皮头靸鞋。眼下在这生死时刻，我突然确信了，当年咸丰爷出逃热河之事，是确凿无疑了。尽管听阿玛说起过，但当时并不相信是真，还曾暗自告诉过自己，这绝对不会发生！而今，我全信了。

"济爷，我得歇歇呀……"从御马上被甩下来的额克麻阿，拐着摔瘸的腿脚，喊着追上来。这使我蓦地想起，与他名讳极相近的阿克当阿，其血淋淋的碎身，连脑袋瓜子都只剩下一半，不由得不寒而栗。平时我等布库戏法只是摔打抗斗，从未练过奔跑与跋涉。我等在值守时，都站出了与罗圈儿腿相反的八字腿——标杆似的内侍腿。因平时长马褂遮身，以至谁都看不出是好是歹。现在如此奔跑样，估摸着，定是德行劲儿大了去啦，也许像没头绿豆蝇，在趄摸地方落脚。

"先抽一袋吧……"实在跑不动的我，带头紧捯气，边松裤腰带。因摸不着烟枪杆，我只好从小蔓菁腰间狠狠扯出来烟荷包。不料，却将一块玉璧扯掉在地，当零零响后，镂空荷蕊的佩璧，立时粉碎没了踪影儿。这小子顿时变了个凶狠模样，翻脸对我大吼："那是我阿玛的东西呀——你混蛋！"小蔓菁的暴怒与出言不逊，引来众侍兄的怒斥，额克麻阿扯嗓便骂："小王八羔子，翅膀硬啦，敢骂大街？找抽啊？"

额克麻阿推了一把小家伙，"那鸟球玩意儿，能是古董？人若是没了，要那玩意儿有个屁用？"他最看不惯男人哭，伸手就要打他。

"我不管！那是我阿玛的！"小蔓菁毫不畏惧。

"得得，我懒得理你……去去去，哪儿凉快哪儿待着去！"额克麻阿不耐烦地连连摆出不搭理他的手势，将他甩到一边，自个装上一袋烟下，他是侍卫中最疼爱小蔓菁的一个。

"得得，大爷我赔你——小崽子！我……"我竟然因做了亏心事，脾气全无，反倒觉着对他不住，也不知如何去安慰他，只好一手拍在小家伙肩上。

"碎啦！我阿玛……"小蔓菁竟咧着尚未长满胡须的嘴号得声嘶力竭。

额克麻阿对他狠吼一声："人还碎了呢，这算什么呀！"

他那块镂空的菏蕊汉璧，是他阿玛在殁前托同伍捎回的唯一遗物。他是个被生在蔓菁地里的遗腹子，从未见过他的参将阿玛。其阿玛曾被反军砍掉脑袋，挂在城门楼上……想至此，我深感内疚，手心里冷汗涔涔，连忙蹲在地上，找寻玉石碎渣。如此坚硬之宝，说碎即碎，真是"玉碎"啊，哎！我忙安慰他：

"赶明儿赔你块好的……"

火石、火镰和火绒，已被水浸透，点了会子，才算燃着烟锅。小蔓菁这时已恢复了原样，道："您别说了，二爷还没信儿呢……"闻听这话，在场人都望向我。

自夜半叫洋炮惊得蹦下铺，我就惦记上了二弟多尔奎。除现在归来的伊尔布根之外，还未见其他人踪影。我的心早提了起来。那群小生马蛋子，看着人五人六的人高马大，但从未打过仗。见有几个做兄长的侍兄，皆探头望我，于是我故作镇定言道："他们命大，不会有事。谁还有鼻烟？"我掩饰得很自然。博尔波汗递我鼻烟壶，也满不在乎说："这些孩珠子都属猫狗，命多是九条八条的，且没不了呢！"其实，他俩阿弟全在督战。

老蒙古侍卫博尔波汗，先祖是地道的蒙古王公，做过领侍大臣，是前朝的救主名侍巴图鲁。而都说他家最走运那回，便是博爷的伯父丹爷，做御前带刀侍卫，随跸至神武门时，嘉庆爷本打算下轿自行。此时，丹爷还离金顶轿两丈远，与圣上隔着十几个侍卫。这距离并非有利地位，但不得不叫人佩服，他冒死用肉身，抵挡住刺客弑君利刀，那可真是毫不含糊。

就见丹爷，像一扇腾起来的肉盾，"刷"地飞过去，以至连脚都没收住。而刺客连伤几侍，早越过众侍卫，对嘉庆爷持刀即刺！丹爷已来不及拔刀，便用身子直接插进刺客与皇上中间。替万岁爷挡了狠狠的一刀！天降盾牌，刺客反被惊吓，慌乱中也降下来力道。为护龙体，丹爷连肠肚子皆被刺客挑将出来。但他终拔刀砍断了刺客手筋，众侍卫这才蜂拥而上，将刺客乱砍一通，还悬悬走了他呢。

这位行刺的高大汉子，从被抓住到砍头，其四肢筋脉皆被挑断，再没能抬起过脑袋来。为待秋审后行刑，留其贱命，还将其身上贴满止血疮药。而此位救皇上的英雄，即是大名鼎鼎的——丹巴伯尔金。丹勋臣练得布库戏法，能踢翻大犍牛。为谢其舍命护君，嘉庆爷隆恩一再，接连下旨御封巴图鲁及贝勒，又招做七公主额附，还赐"丹贝勒府"一座，准予世袭。而眼前这位博爷，也是世代皆在此沾誉镀金，已传承至第二代。

十一话　毙敌禁墙外

炮声隆隆，此起彼伏，震撼得紫禁城摇摇欲坠。我等像是趴在响鼓上的蚂蚁，被震得惊心动魄，魂不守舍。我等最终下了决心，只要能出去，便可等待东山再起。但甭管怎么劝说，郎笔帖式等人终是拧着不从。他谈笑风生说："你等要活下去，将来要多生小子、丫头，再养活出将军和参将、布库崽子来。'三十六策，走为上策'，甭怕说畏敌逃跑，难道两宫不算畏敌西巡吗？要是有皇上带头，你等就算跑得对。难道说，手里这些打鸟的家什，也能将联军打败吗？咱国的翻身光景，好比恭亲王说的，要轮到下个甲子……他说完即拿起铳对准印堂穴，说道："即便忠君，也不能去做笨蠢与无畏的抵抗！"我知那铳已填满火药，准备与联军最后一搏的，见郎爷意决，便不得不点头应允。眼下，只有即刻逃出宫去。而我们信奉的两宫，不仅抛弃了我等，同被抛弃的还有正作抵抗的旗兵。我等给郎笔帖式等行礼后便即刻动身起程……

这时的紫禁城，在老爷儿余晖下，满目全碧却是凄黄惨红。如此雄伟的高墙，反倒成了我等逃跑的障碍。紫牛毛吊绳云梯，似有鲜血缠在里面。在云梯靠前有一堆稀里哗啦作响的活动钢钩。以前虽在香山健锐营看人比画过，但不过是看热闹。如今没人会挑剔谁往大墙上扔得差劲儿，但几回却是哗啦啦地掉将下来，弄得我等一阵阵起火愠气。湿闷黏糊的天儿，使我等早全然没了大内侍卫的尊严，都变成狼狈不堪的邋遢兵。身前背后的远处，洋铳的连发声极为钻心刺耳，就像在我等身边。似乎在告诉我等，只有被杀被俘受辱才是出路！

想不到，逃也会遇到来麻烦。尽管用足气力甩，但这云梯的钢钩，仍难挂住大墙。于是，我抓下黄马褂与汗褡儿，光膀子赤膊上阵，学着人家比画去扔，但依然不成。这才发觉，其实在取云梯时，落掉了关键物件，只拿到被唤作"轻鸟"的"飞抓"，而此抓的分量过于轻巧，根本带不动牦牛大绳，而"重鸟"却并未取来。于是，我只有将众人身上有分量的随身物件，与飞抓绑在一处。但照旧稀里哗啦掉下来，这令我等扫兴万分，好不烦恼。

有人喊："爬城隍庙墙上去不成吗？"真是急中打岔，越急越傻，这么多的明白人，怎么没人想到去爬城隍庙院墙呢？当初若去东北角楼的"阿哥房"，倒是更容易够到大墙。于是，我等肩托脚踏的，忙不迭爬上城隍庙边墙，轻而易举将"轻鸟"勾在大墙垛口。我终于松了口气。"留得青山在，不怕没柴烧"，当年老罕王打江山不过只十三副遗甲罢了，何况联军还不至于即刻占了咱万里江山。灭大清？哪那么容易？心虽这么想，但还是盼望家人一个不落地早进西山。那时便由着咱了。

额克麻阿念叨："'抓爷'呀，您归哪一庙，明儿给您烧香行不行？"

果然灵验。"飞抓"通人性般终于咬住大墙，云梯即被挂上。可惜这健锐营的攀城器械，没用来攻城，却是用来逃跑。在端门方向的枪炮声最密集猛烈的时候，我等总算借助城隍庙墙，爬上了禁城大墙。转回身，再看神武门楼之下，在几十丈远的三牌楼底下，借稀稀拉拉的火光，我等看见几面他国彩旗，先是沙俄的双鹰旗，后又是倭寇的膏药旗，已插遍桥头东西向草地及筒子河对岸。洋兵皆躲藏树后隐蔽的地方，并不急于攻城。这会儿奇怪的是，城上竟没人开炮放铳，只是在隆福寺及更远处的齐化门方向，火光已映亮了东皇城大部，街巷内鸟铳声在不断响起。逐渐地，天至大黑，我等被浓烈的霭烟吞噬。护军们随意坐在垛口后，啃着干烙饼，喝着水，漫不经心地看看我等。

我等足饿了多半日，早已是饥肠辘辘，见过道的筐箩有吃食，便毫不客气地抓起来吃，仍没人搭理我等。垛口旁，到处是散落的碎砖与铳械，并堆放着相当数量的火药箱，护军仍戒备着盯着墙下。要逃走的急切心情悄然退去，刚我还担心，也许在溜下城墙的瞬间，会被护军的鸟铳袭击。

眼前汽灯笼晃悠悠地过来，在护军陪同下一参领问我："老几位谁主事？"很明显，借灯光他很快地认出了我，仔细打量我等的黄马褂即赤着的双腿，他想知道，我等上城来要干什么。

"自家人您请讲，"见他要请安，我忙拦道，"免了吧，您指教。"

他默默站在黑夜里，看看我和老几个问道："您是来督战的？"

"不，我们要逃出去！"博尔波汗晕天黑地里抢过话，"你们不走吗？"接着又问。

"没接到走的军令，但铳药不多了。"

"那还不走？不该白白送死啊！"辛九急赤白脸道。

"是，东北皇城门外，到处是旗兄们尸首……本官不敢下城。"参领说出了心里话。

"要走就赶紧走，两宫可早走啦……"

"当真？"众护军听见皆惊讶得站了起来，一起问道。

"不走就来不及了，仅凭咱们，不能转败为胜啊。"博爷还在催大家快走。

"比方说，京城没了我朝的旗兵，他们还打什么？炸什么？"辛九爷紧跟不落地应和。

"嗯！是这理儿！那咱们分东西两厢，分头出去怎样？"护军参领终于忍不住说道，"得有人护着，开枪将洋兵引到神武门前，在两厢好下墙，加上对面的（景山）护军，一起再来个夹击！还别动静忒大，洋鬼子人生地不熟，晚上不敢动窝儿。"他说完，赶忙对着景山方向射了一支响箭。敢情他早打好了算盘。

砰砰砰！当城楼上火铳放响后，随即引来四面枪炮声再次大作！西苑、午门、德胜门、西直门，西北方向最为厉害。过了一会儿，才又有了重炮声。看来洋兵也刚醒。

护军在东，我等在西，皆快速溜下紧贴大墙的云梯。禁城墙是带斜坡的，易蹬易踩，待洋炮再响起时，我等已凫水到了河对岸。我好不易打着火镰，大概是沾水受潮的过失，悬挂在护河石围的牛皮绳并未燃着，但我已顾不过来它。只想着要立即冲杀，好一吐怨气。没了火铳，只好把佩刀长矛备好，再等大墙上放火铳为号。

突听"砰砰……"等一排铳火从城上喷吐时，我等几十人借远处火光，奋力执刀矛向神武门前冲去……几乎都是几对一个地胡砍乱捅。这些洋兵还没等明白，皆做了刀下之鬼，被剁削成了馄饨馅儿。而只有几个洋兵挣扎抵抗时开了洋铳，也不知伤到了我等间的谁。来不及看清杀死几个，我等便和城楼与煤山护军汇在一处。

众人见才杀死这十几个洋兵，都觉得不解气。难怪洋兵这么不堪一击，这些只是来插旗的兵。都叫喊着再往东冲一下，但随着参领的一声"走——"百几十人即四散在黑夜里。而东面洋铳与连珠炮声，突然密集起来，似乎联军发觉被钻了空子。在远处连珠炮的叫吼中，我等中间已有人应声倒地。我等只好猫下腰，钻过三牌楼，贴道边树丛往西摸去。这时只见一团火球，在东北角楼爆炸，火光照亮半边天，东北角楼给炸没了……

我等抱着刀矛，皆蹲挪蹭墙而行，急退到煤山西南墙拐角……枪炮声此起彼伏地在兜着圈子，又渐稀落下来。在呛人的硝烟味道中，就见满街道内，到处都是旗兵的尸首，及一摊摊的血水。纵使小心行走，但脚上仍会踩到血水浸泡过的泥污，身上紧追着叮咬的蚊虫。当真绝想不到，皇城要道会变得尸首满地，而皇宫前已变成了沙场。

我等边挪边爬，最怕踩到殁亡的旗兵遗落在地的刃器。几个人都已被扎了几回，总不断停下喘息。我琢磨，洋兵这会儿许是完全包围了整个皇城。洋铳的刺耳响声仍紧一阵慢一阵此起彼伏。

我等躲躲闪闪的，在月夜下，总算是见到了被联军大炮轰塌多半的地安门楼及高吊起的多盏洋灯。在倒塌的砖堆后，把守着看不清的荷枪洋兵，时不时在毫无目的随意乱放冷铳。见此光景，我马上趴在尸首上寻找机会。好在地安门以西，靠什刹海南的皇城墙，已崩坍出多处豁口，这给我等留下来一线生机。

我几位悄悄商定好，即使战殁，也绝不能被洋兵俘去。若一旦被俘，那些洋兵必会将我等五马分尸，或千刀万剐的。若被发现，我等只有拼力战死。

为不让地安门前站岗的洋兵发现，博爷出了个主意："不能总在这儿趴着，若等天放亮，还不全得给一勺烩喽，还不如早拼呢！干脆，各抱一具死尸，再用裤腰带勒上……"

砰砰砰！不知是谁已被发现，洋兵几十支洋铳齐射向东面树丛，并喊叫着追过去……

"快走！"趁此机会，我飞快地扔下尸首，越过倒塌的皇城墙，滚啊爬地直扑到响闸桥边。洋兵竟又转回来，跑向我等这边，但此时我已乘乱钻进水里，贴在南岸阴影处，不敢出大气。叫人不解的是，居然能听见有说我国话的洋兵！我心里说，旧明是败在皇帝自个儿手里，李自成百万大军，也败在他自己人手里。这次，是不是连我大清朝也会败在自己人手里呢？砰！砰！那边又有了动静，洋兵又折回去追人了。枪声又大作起来！这极可能是洋兵遭遇了与我等同出禁城的护军。

见没被发现，另几个又接着溜进水里。借着顶头上荷叶的遮掩，慢慢凫水挪尺进寸地游到了老石桥。见桥上的洋兵隐约而见，都在向天上不断地胡乱放铳。我等只好悄悄地再凫到银锭桥前的浅滩，终于爬上岸来。但也要捂住嘴，不叫自己打出喷嚏来。而地安门那边的枪声还是忽密忽疏，又阵阵不断。我等心早飞回家中，对家人牵肠挂肚。"你在哪儿？多尔济？帮我……"辛九爷不知被何物扎了脚。我只好将他身上唯一的半条裤腿，撕扯下来先包上伤脚。现在我等几乎都是赤条条，除了身上污秽的黄马褂之外只剩了裤衩。我等终于来到了静寂的烟袋斜街。这里离多数人住的南岸的李广桥、大祥凤胡同，只有一箭之遥。我等只好分开，约好天亮后，在德外马甸见面。

待爬上岸时，已没了大内侍卫，而成了落汤鸡般的难民。大拇指上，那曾象征满洲荣耀的扳指儿，几乎都滑落丢失。现在，我等几个总算还都活着——在暗夜中，众人分几拨散开，从烟袋斜街穿绕，总算看到矗立于夜幕中的宅墙，博带头对西方跪而便拜，求西大神保佑。我等赤条条都钻进了博爷的府宅……府里人说，这边还未见到洋兵影子，认为联军暂时不敢进胡同。而后来仅是胡同内旗人对洋兵的袭扰终是不断。眼下，洋兵一定攻进了所有皇苑，而除紫禁城以外……京都已掉进了火焰山。

后来，等联军集结近十万洋兵时，便北侵张家口，西南占保定府，西北攻娘子关。东边沙俄也占了山海关内外。八旗家眷，多逃到了西山里。而我在西山里，总梦见是谁带上一个头，打回了北京城！

可现如今，连我自己过一会儿是殁是活还不一定呢。回想到昨夜，别看夜午门上的护军不多，但个个都是好样的汉子，到底是否能平安撤出，还真是说不好。只可惜，我朝实没有在皇宫迎敌的准备。仅凭几支德国佬的快枪和为数不多的那几粒苞米种子（子弹），实难抵住洋炮。尤其是连珠排子炮，把小炮做成了炒豆机，一搂扳机便突突，活活一件杀人的机器。世上若真的有万国，那我大清国还不彻底叫洋人给灭绝啦？

十二话　西山躲联军

阿玛与家人，先在山洞里住了几日。知联军陷城，便又经木城涧煤密，再躲进斋堂镇一带。由于携带衣裳少，整日里钻山。一次，在追捕受伤山兔时，阿玛摔了一跤。当我给他上药时，他说："咱像无主野狗，国不是国，家不是家了……"话未说完，他老泪纵横……若想在山里躲踏实，就需常走羊肠小道。我家极隐蔽，不走小路到近前，绝想不到这会有人家。家里的茅棚后，还有座小庙，不知供的何方神圣，泥塑已被阿玛油饰一新，并点起柴火做香，日日虔诚叩拜。我疑神疑鬼地琢磨，也许明天或后天，领侍大臣会带督捕司的执法兵，像捕拿临阵开差的旗兵一样，踢门闯进草棚喊："沙场叛国，该当何罪？自己受刑吧（伸手入枷）……"我如同被圈上孙猴的紧箍咒，脑仁儿不得劲，耳朵也嗡嗡作响。督捕司的虎头令牌，每时在我眼前晃动着。

时光转瞬，缘分凭天。京城终于有了消息。也不知小蔓菁是如何打听到我家"茅庐"的，他竟在斋堂一带，骑着匹破马，找了有半个来月。只凭富察姓氏，叫他实在难寻，虽满洲人对直呼其姓氏的，多视为不敬，但也多亏他奔名讳找我。他不死心找的缘故是怕我殁了。这一日，我在山间一条快要干涸的溪前正认真挖苦麻和葛根，这几天额嬷总发热不止，不知是受惊，还是吃了有毒的蘑菇，她是上吐下泻。没办法，我开始也学着配草药了。满洲人家里，从不叫男人做伺候人的活计。但此时，在我家里，早就没了实际上的奴才。其实，除管家宅的或管马厩、照顾田土的，遇繁忙时，奴才全成了"主子"，皆能随意使唤外来长短应季时工。而且，除给老辈儿起单灶外，大家都在一个柴锅灶里吃饭。作为主子，我的妻、妾自然也要帮着料理杂事。

我呢，现在是做什么也觉得百无聊赖，比不了阿玛和四弟多尔德的心劲儿大，常会跑出几十里外，去狩猎山上的狍子、野猫（兔）与花山鸡、狐狸等。还和几家旗人连起来，憋过土豹子，但绝不敢招惹狼。西山上野物，原是多得不得了。而如今除我家外，到处是半熟脸面的旗人及包衣世家，皆整天背着弓弦、端弩、刀矛，甚至还有绳镖、长剑、崩弓子、鸟铳、绳索等，成群结队地到处猎野物开荤。由于总吃苞谷粉贴饼子、野菜、榆树皮、柿叶等，肚里都没了油水，已将大家吃得个个一脸的青葱颜色。因松子、板栗、榛子等总吃生的，别看填饱了肚皮，可时不时肚子一痛，便要来一泡"急茬"的。这时只需抓紧吃拌马齿菜，便会止住跑肚。这也好，个个全成了"郎中"。我和阿玛的嵌针，皆派上用场，专治受风后四体麻木等症。

家人很明白，同来的旗民，皆在看着我家，好比我手里举着风标似的。其实，我并非想隐瞒"临阵脱逃"之责。身为皇家乾清门的二等侍卫，兼御前带刀护侍亲兵，我绝不是怕死的胆小鬼。所以，我该敢为敢当，才不愧是旗人爷儿们。

在此地，我学了许多京剧唱段，净听别人唱得满山遍野，唱的都是《过昭关》。现在我想起伍子胥来，才感同身受——他当时的艰难处境及一宿变白发的根源。渐渐地，山上唱戏人少了。随着吃食紧张，逃来的人开始唉声叹气，都拿自己比同放逐千里的"犯臣"。可阿玛却说，流放要比这苦十倍、百倍，好歹现在还是一无锁枷披身，二无钦定罪过，三无捕吏盯着。

而当阿玛额娘问明我想法以后，妻、妾等便日日揪起心来。但我的几句话，便叫他们不敢再言："我朝律例，一品官能娶七个妻妾，阿玛好歹是吃正二品补服的俸禄。你们虽非诰命，但也蒙受隆恩，若没了国，咱们不过是一散了之，现还能聚成一个家，我自己绝不会牵累你们的。"结果，全家反倒为我揪起了心。

眼看小孩珠子们也能跑山上玩了，即便是朝廷罚我，我也没了丝毫顾虑。

即便如此，夜里我也经常做噩梦，梦中也常出现筒子河。就连河中那本是柔嫩洁丽的莲瓣儿，也在梦中全变成了血糊糊的尸首。

筒子河属禁池，皇家曾分派给京东二闸的高碑店旗人与包衣亲眷栽荷养鱼。虽上缴有数几两银钱，但也为给后宫吃上鲜藕莲蓬。不仅皇家不吃这里近乎死水的河鱼，而凡是旗人，也都要吃活水鱼虾。那就只好运到外城贩卖，这样还能多收银两。这曾是嘉庆爷借此事告诫嫔妃们，国与社稷是要用银子支撑的。而历代后宫宫娥的脂粉钱，唯数我朝最为节俭，为节省内帑做了典范。既属禁河，便没外人敢凫水、摸捕鱼虾，守城护军也不敢染指。

禁城内外水连接河道，每隔三或五年，便要清河挖泥。但不会叫筒子河水干枯，会截水维持其洁净。曾分出南北两城，所以便留下来一对地名：南面骑河楼一带水域称南池子，神武门前叫北池子。旗人私下便称筒子河为"冥河"。旗人有习俗，不吃死水中的鱼，不吃蛤蜊，甚至连内城的鱼虾都忌口。因历代内城河道，过去曾填满死尸。旗人对河水充满着忌讳，皆认为水中有"替死鬼"，会给人带来灾难。满洲入关前后的杀伐征战，已伤及无数黎民百姓，便更怕水里有恶鬼缠身。每年放河灯时，旗民都主动向庙里捐铜子儿，以购买大量幼鳖、青鱼放生，以此来超度并慰藉亡灵。在这一天，旗人要吃素拜佛，朝廷还要请萨满跳舞请神，但声称是喂鬼、送鬼，而绝不敢言"打鬼"二字，老辈人说，不是什么时候都能打鬼的。

这么一条有讲究的筒子河，我等却狼狈不堪地洇渡过去，情何以堪啊。

十三话　为联军"当差"

这时候，我却与小蔓菁回来了。并以我朝"毫无杀戮联军士兵劣迹"

的皇帝侍卫身份，开始步入并混迹于高卢兵营。还由内务府出面，领到了一套联军雇佣军服。眼前已毫无退路，我只好委曲求全保性命。但无论我怎么对法军官希斯特毕恭毕敬，仍能从他的眼神中，看到那怀疑的目光。如小蔓菁说的一样，希斯特要考验我时日。说我不管戴雇佣兵的什么样式军帽，从来都是挡住眼眉，还说我有一股阴冷的杀气。

联军攻陷京城后，遂开始疯狂报复旗人，是先京官后旗兵，皆不放过。一，到处搜查曾坚决抵抗的聂士成与马玉坤、宋庆、裕禄部下官兵，为被杀殁洋兵复仇。二，因痛恨在巷战中帮助旗兵的旗人，陷城后便大开杀戒，劫抢烧淫明着"三天"却实为十日，而概不认同在门前悬挂多国旗帜的顺民。洋兵将内城的千百处四合院全变成"坟场"。只端、庄、肃王等府内，便活活烧殁被俘旗兵、拳民、家眷、苏拉等近数千人，并夷平多处府邸。还督令教民，逼迫城内京官，车拉肩扛地搬运尸首，再满大街小巷广撒石灰，以去除京城亡人过多的瘴气。而始终令我满洲人最骄傲的崇绮大人一家，被联军凌侮后，遂灭全族。

今天联军要做的是，不想再亲手嗜血，而是打算叫我朝的差官，公开露面去杀戮拳民。说是为察验我朝对"议和"是否有诚意，才相信"和约"能否履行。原定"指法"日期，是从光绪二十七年（1901年）当春开始，现在却要更改成当年（1900年），不然便无法促使"和谈"达成。于是，联军便自行在九门内外，凡稍宽些的路道，突然动手，开始杀戮在押拳民及旗人。

联军怀疑我朝诚意，的确也是有实情。于保定一带驻扎的荣禄武卫军一部，仍与联军多次对峙抗衡，各县的拳民，仍不断袭杀洋人。最震惊的事件，是拳民于张北宣化镇郊居然也击毙了正狩猎的德军上校约克。这消息，使法军营着实紧张了几天。而法联军在娘子关长途跋涉后，因与德联军误战，伤亡洋兵众多。

我亲眼所见，有众多德法伤兵被民夫运回兵营。而骡车上满是阵亡洋兵的半熟骨灰。一时间，法兵营内一片哀号的伤兵。法军统帅佛雷尔不得不立即召集教民，充实其器弹药，以此来看护营防。因此，法军人手也跟着紧张。在小蔓菁的撺掇下，希斯特开始给我安排新差事——做联军流动巡逻岗哨，实为小喽啰。天天走着要绕西皇城巡查几个来回，若发现有异常，即刻吹洋哨报与就近联军街垒中的洋兵。

因始终怀疑我存有不轨，联军连棍棒都不发予，我几人皆赤手空拳，只各带一只洋哨。

还对我们约法两章，一是像服从我朝皇上一样，对联军绝对服从。再有便是，不经法联军允许，不得换装、剃头，不得用满语对话等……不久，还得到庆亲王的口命："凡我军民不得抵抗联军，只'守法遵律'，与'友邦'携手，等待谛建万国'和约'……"

城西最近的牢狱，是建在西皇城内墙根儿的法军营内。因此处皇墙被拆成豁子，法军便利用被烧毁夷平的庄王府邸及皇城的砖石木料，改建成法兵营与监狱。此地位于西什库教堂以北，原是一处曾放置高卢马戏团猛兽的地方。我朝发觉后，曾勒令其拆毁。但法人却狡猾地说，已改成纳物储库，实则暗下里成为关押叛教徒的拘室。我朝多年来，既不敢招惹，也无法惩戒洋人。即便是叫嚣着抗议，也是雷声大雨点小。但庚子年后，此地被逐渐改建成坚固的西式兵营，房屋皆是圆顶西式窗门。而兵营旁，新建牢狱内关进的头一批人犯，就是曾和武卫前军一起作战，及在街巷中抵抗洋兵的旗兵、拳民等。

在兵营的正南方，是天主大教堂——俗称北堂。在内城共有东、西、南、北四座大教堂，义和拳共烧毁三座。

东面的"草岚子"，我等向来称"荒苑"。因它毗邻西苑，旧明时曾作为花房及骡马厩使用。但自满洲立都后，同样常用于远道而来的杂役、民工、军伍等暂住，仍做花坞或放置部分种马。现从外面看，围墙上皆绑有铁蒺藜丝，墙内则改建成开口形状的牢房，并用铁条相互连接做门，俨然关猛兽的铁笼。笼外走廊，可行走狱吏监卒，可对牢房内的囚犯发号施令。由于建牢狱需花费大量银子与工夫，算计到头的联军，便利用京城可利用的原有官牢、衙门、王府及庙宇，来关押数万余所谓的"暴民"。

雍和宫墙外的枪炮局内，曾是我朝关押军伍罪臣的军牢，被联军看好使用，这里即可将人拉出安定门外行刑……而棋盘街西侧的宗人府、刑部、督察、大理寺等"六部"官牢，联军早将在押犯囹圄释放，重新关进拳民与旗民。联军认为，最稳妥的关押处所，即是京城内的王府与官家作坊。像放煤炭、木柴、粮米等库房，只需拉几道铁条刺儿网，再加挖深壕，派几个教民挎枪牵狗，便成了牢房。据我所知，联军在内外城约设四十处大牢。

原被关押的宗室戚亲，或江洋大盗，或草民，也同咸丰年间一样，被联军概释不究。而大部教民人犯，因感激联军，都加入其雇佣军。

关在草岚子牢内的人犯，大多是庚子年八九月间，被联军用枪炮赶羊般抓来的。牢内人犯经常被随意砍杀、枪杀，或被活活打死、冻死、饿死。直到联军与我朝"和谈"后共管，人犯才有了活路。因衣食不保，人犯仍不断死殁。见人犯如此简单死掉，联军并不甘心，于是，便催促总理衙门早接收人犯，尽快动手行刑。而联军这次却只想监斩，要我朝亲自出手斩杀，也是想看我朝人相互残杀的热闹。谁愿去亲手杀害拳民？我总理衙门实属无奈，并要求我等主动接受联军指派，原样依允去做。我等无奈，只好咬着槽牙，开始帮助抬人犯尸首装马车。

光绪二十六年九月，两宫在宣化旨派庆王与联军开议媾和之后，联军却两面三刀，依然不死心，追踪两宫。并于辛丑年初集结德法联军，西攻阳泉娘子关。而沙俄又占了关外大部，三省提督殁了一个，降了一对。得知龙兴之地被占，叫我等好是担心"家国"的危哉。

后来才得知，找到我之前，小蔓菁是"捷足先登"。联军陷城仨月后，小蔓菁急于想看个究竟，便打扮成农夫，自小汤山"御池"风尘仆仆徒步归京。他不敢走大道，只好绕庄稼地兜圈儿走。当走到德胜门外塔院附近，爬上大元土城时，见田内已有农夫收秋，于是胆子渐大起来。一径往西绕至高梁河岸沿线，直到西直门瓮城门洞前，他探头探脑打算混进城去。而城外所有路口处，到处都是用糙木骨钉成的方笼，三个一起五个一丛的，用杉篙支于高处，里面装满被砍下的人脑袋。还有用木架支撑的赤身露体的整尸。时至天气转凉，但仍招惹了密麻麻嗡嗡叫的巨硕苍蝇，呼呼地围绕盘旋。既瘆得慌，又气味难闻。于西外道边的树上，还悬挂有数张晒干的男女人皮，这场景令他多次欲吐欲呕，浑身不自在。

不料，碰上守兵来搜身，无意中露出土布衣裳内的黄马褂及脚下的官靴，他被押至法军营内。正好高卢军官希斯特，此时急缺一个"旗兵或京官"。

高卢军官希斯特，一见小蔓菁腰挂子是"金牌"，以为是遇到了一个高官，他大喜过望。小蔓菁也开始痛哭流涕着诉说，说自己与拳民的种种过节。希斯特一听还挺高兴，专请他吃了顿"法国大餐"，那是几块烤面饼夹肉和牛尾巴汤。只关押了他几天，便又接他出来上差。希斯特还大胆叫小蔓菁出城，对他说，将我朝逃跑的军官，都寻找回来，可继续做官了。

他还说，我国彼此间只是误会，而共同的敌手，倒是被关押的拳民。为表示他说话是真，希斯特还带小蔓菁骑洋马，正意去了趟紫禁城。果然，跑来迎他的竟然是紫禁城内的老公及老嫔妃及精奇妈子们，没走的倒还都活着，只是过了一段饥一顿饱一顿、担惊受怕的日子。小蔓菁心里说，这回是哭对了，开头还以为要杀他呢。哭也是韬略。

于是，他对希斯特拍了胸脯子。心里话，一旦先出去了，还不是想怎么办都成嘛。

于是，经希斯特点头，小蔓菁开始了寻找。他先是到家宅去找我，后又到德外镶黄旗营，及德内我岳父家去找，但那里只剩下院墙了。再往后就是骑马去沙河、香山，虽找到了不少旗兄，但一见他身后的持枪教民，全都撒腿就跑，再不敢信他。他只好再去寻我。但却无意见到了几个同门为侍的鞑哥，他们却早剃光脑瓜子，皆躲在戒台寺里装剃度"顺僧"，也在等京城的消息。结果个个横眉立目瞪着他，更没人信他。他一肚子委屈没处诉，找我后便又哭得更像娘们儿……早没了与教民耍练布库戏法的混劲了。

联军陷城后，滥杀百姓。行之道旁，总能见到残肢碎骨。现在城外，还到处有招满蚊蝇的人脑袋，随意挂在城楼、房屋门楣上。

不仅如此，联军还经常借用我朝官牢关押"犯人"。

官牢——在我朝俗称监牢、大牢、班房、大狱、监狱等，文人亦称图圄，旗人叫"篱笆圈儿""畜笼子""笆篱子"等。官牢内都供狱神，如家中供奉佛龛。门额处皆可见到一个满口獠牙的狰狞怪兽，即狱神"皋陶"。牢内有"人心似铁非似铁，官法如炉真如炉"的说法。

依我朝律例，每冬要经"秋审勾决"后斩首犯户。在前三季中，决不可斩杀人犯。大牢被唤做班房，是因有坐地三班衙役，日夜轮流值宿十二个时辰之故。大牢的"大"即是：只有国才能设立。若皇亲国戚、督抚随意设置，即为私设公堂，该属颠覆社稷政体，是要治其逆反之罪的。

而整人最狠毒的，莫过于刑部大牢。其所有刑具，是承续旧明之后的中外大全。光是各类铁木锁枷，就数不清到底有多少种，我见过的"头手枷""手脚枷""卧枷""子午枷""钩子枷""俯枷""吊枷"等，从枷一人犯到枷众多人犯。且不论男女老少，各有详细别类。只摆在那的各种中式刑具，就会令人毛骨悚然，更甭说再配来自西洋的脚镣、手铐、锁链、法衣、法帽等。而旧明还有专用于女刑的刑具……女用刑具，自唐宋起，早有"木驴""铁驴""钉板""坐板""奶锥板""指板"等多种，若听狱吏们历数起来，皆会令人头皮阵阵发麻以至浑身发冷。难怪世人皆视牢狱为阴曹地府，也呼酷吏为牛头马面。

我等虽在联军手下听喝，但万没料到，法、德联军在辛丑年初，依然偷袭了山西阳泉的娘子关。我从希斯特那知道，他们先是在保定一带，被荣禄的武卫军顽强抵抗住，而且我朝与其斗智斗勇，给法、德洋兵设了个圈套，叫他们自己相互残杀起来。从此，联军复又回到了"和议"桌上。

没隔几日，我等便到内务府按手印后，被补发了极少的粗糙粮米，这也算是重新开饷了。当时，我骑着马，紧赶着到齐化门外"截获"售青砖的骡马车，想抓工夫将被联军毁坏的房舍尽快修缮。而卖砖农夫，见我身穿雇佣军的"洋鬼子皮"，随意划价后，并不敢与我过多讨价还价便成交了。

没几天，由我家包衣周叔找人，将倒塌的后山墙重新砌起，但我仍不希望家人归京来住。宅子的扩大或缩小，自由老周来算计着翻盖，他是家中的主事管家。只是把门吊挂，用大锁串得严严的。而旗人家大多悄悄请了风水师傅，并按照罗盘，在家中增设夹壁墙，挖地窖子或"土蹲子（只能蹲下来藏身的地窖）"。

其时，京城内外尚冷冷清清，只有教民出入教堂做弥撒说悔。

而联军所管辖的牢狱情况，更是雪上加霜。牢内每天只给人犯一糙碗能照见人影的杂和面儿稀粥喝。得了病也绝不给医治，为防止传染，发现一个病人便杀殁一个，或不等断气，就直拉到城外活埋。在西外倚虹堂园内埋遍尸首后，便换到紫竹湖去埋。在九门外所有泽地洪坑内，都弃满尸首，致使到处臭气熏天。

庄、端等几王府，被联军尽数焚毁后，联军中的法兵便在西什库北用废砖瓦垫起废墟，外设木桩和铁扎网，并建牢房与营地，关押千余人。还在东南不远处的草岚子关押数千人。在靠皇城西北角处，还专设了法国坟地，与被雇用的非裔黑人兵营毗邻。

我等巡视必路过此处，常见有多名我朝女子，在法兵营地洗衣打杂，只三月余工夫，个个女犯瘦得人形大变，瘦骨嶙峋，皆成了皮包骨头。而男犯则披头散发胡须老长，似地狱里钻出的小鬼儿，行走蹒跚如翁。同行教民说，这些女人，不仅有被抢来的旗民家眷、拳民的女眷，还有各坊窑姐儿，白天她们要忙碌着洗衣做饭干活，夜里，还要轮番陪那些黑黢黢的高卢佣兵。而年轻貌美的，当然归洋官长所专有。而近两千人犯，在仅有的半年时间内，只剩下不满千人。

联军走后不久，外城花柳行内便开始流行一传染必索命的"洋梅大疮"。此期间，包括"暗门子""街等儿"与青楼总不断办丧事儿。

十四话　与洋兵比武

现在，我身穿联军制服，成了个假洋鬼子。管颁发军装的是普鲁士德人，他对翻译说，要我等用银子或金银首饰去折抵，购买德水兵服，并要求必须三天内解决。如此看来，来自万里重洋的联军，不仅烧杀抢劫，还要将我旗兵手中的金银搜刮干净。见联军蛮不讲理，内务府只好费劲拼凑出一堆给戏子做"范儿"用的真假珠宝、首饰，来"蒙事行"。我等总算换上联军的缠头帽，及一身黑、白色水兵洋服。

见我等属皇宫辖下，那小头目仔细打量着我等道："啊，满洲贵族，那我只好给你们最高最好的待遇。"而另一个下士说："几月后，务必换上补褂！要代表你国来'灭绝''乱民'，否则就对你们不客气。"他还指责内务府，拖延军务，办事不力。

接触洋兵渐多，我渐从不适到麻木。缠起的包头，常被我戴得极低，常使自家人难以相认，这是无地自容的缘故。而只有回禁城时，才敢将缠帽塞在裤腰里。联军早从禁内撤出，宫门值庐内到处是散落无主的各品顶戴。我自是如见亲人一般，随意捡起一件补褂，总算是挡住了这身狼皮。

而我等用的老叶子烟、鼻烟等日常耗用品，逐渐也换成西洋时髦货。联军中的洋兵，把使用洋火柴与吸雪茄烟，当成"高贵与摩登"。没多久，我便将腰里别着的烟袋，换成"大黑通条"——联军从南洋吕宋岛运来的大尺寸洋烟卷。此烟用烟叶做包皮，其劲道力大无比，抽起来十分过瘾，强过阿芙乐尔雪茄。而只有在联军驻地，才会用银子购买到。而非裔雇佣兵并非都买得起。我常遇到雇佣兵，用羡慕与妒忌的眼光，看着我等悠然喷雾纳云。

与其厮混得极熟时，我等心情开始转好。烦闷之极时，便老调子重弹，开始玩布库戏法。只见法军营内，个个看得目瞪口呆，只知道鼓掌欢呼。这也引起希斯特的兴趣——只凭空手，便能将人弄得趴倒在地？他自要来试试。小蔓菁害怕他翻脸，便道，他只会翻个跟头、打个飞腿旋子什么的，这个并不太懂。

但希斯特不答应，非要拉住他比画。尽管他是硬着头皮糊弄，但还是叫希斯特赞不绝口。他道："啊，了不起的东方格斗！的确是大侍卫，光绪大皇帝很有眼光嘛。"从此，希斯特便要几个法兵整天与小蔓菁玩"格斗"。后来希斯特才发现，最厉害的是我的格斗术。于是他道："你也玩玩吧？"

其实，我早想摔他们解闷儿了，但小蔓菁却总拦着我，怕我一时兴起倔脾气，出了黑手。雇佣兵还凑合，若真要把希斯特摔坏了，大家全玩完。其实我没他想得那么傻，不会因我叫大家"全军覆没"。很快，另一个军官古尔，开始拉拽我入场。因玩得兴起时，他们早没了防备。我终于小试了几招，将几个雇佣兵摔趴下。古尔这时道："你很棒，尽管你总是不说话。"从希斯特欣喜的眼光中，我看出他开始信任我。他的想法是，这么好的身手，仍踏踏实实在这里做苦役，该是叫他放心的。也许是对小蔓菁的信任，他开始和我近乎起来，尝试着让我教他一招。但他摔佣兵行，摔小蔓菁还是差着劲儿。于是，他对我更加佩服了。

于是，我开始行动随意起来。希斯特见我也有笑模样了，一天，他笑眯眯地递给我一把洋刀，示意我可以佩刀了。我寻思，我用布库戏法，暂解除了心内的烦闷，可往后会怎样呢？但当我拔出刀时，在场的人都呵呵大笑起来。原来只是半截的洋刀！

十五话　洋军官索宝

与雇佣军们渐渐地熟悉了，他们开始用我朝语言与我对话。他们说，他们多数人没房子住，没有父母，没有萨里甘，更没有妾和子女，没有一分哪怕是愿意交税的田土。皆是一无所有。所以，只要是哪里管饭饿不死，他们便会奋不顾身去哪里做事。

渐渐地，他们待我同教民一样友善友好。有时我也想，为活着去背叛国家，究竟是对还是错？

对比他们，我曾深怀羞耻感。为得到更多的"尊重"，我总将难以淘换的烟叶子，分给他们抽。见我"仗义疏烟"，法兵营上下的黑、白士兵皆和我成了"哥儿们"。但我想的却是，一定做几件报复他们的事，但一时又想不出该做什么。

这天，雨雪齐来，天甚是寒冷。几个高卢兵与我说起，在西苑见到了能在冰上行走的马车，都甚为吃惊，称东方玩意儿奇异。其实，那不过是我满洲特有的马爬犁……但午膳后，希斯特却突然叫我，说道："统帅弗雷尔先生说，这里有一种属于军人的宝贝，叫扳指。因为您是大皇帝陛下的侍卫，或许能够找到，作为朋友，您无论如何，要帮这个忙。您也许不了解，在联军士兵手里，是不允许有金银珠宝的，这是军规。但我可以保留一个扳指，您看……"

这我倒知道，洋兵从太和殿前的"金海"费劲刮掉的碎金，很大部分被长官没收充公……我心想，口气倒不小，若真要翡翠猫眼的，眼前我可上哪儿踅摸去？

翻译说："只是要普通士兵射箭的那种……但得是用玉石制成……哪怕几个也成。"

见越说越将就，我如释重负。这算什么呀！满蒙汉旗兵，谁随身没几个扳指？玉的、翠的、金的、银的、铁的、硬木的、各类兽骨的、琉璃的、玻璃的、彩瓷的。虽说我家中藏有上品玉料，但大点的早埋进了地窖子。他突然要这么多玉扳指，我只好满口答应去找。顺便还答应，将会送给翻译一个极品的玩意儿。他被我的虚情假意弄得喜出望外，不知翻译过去了什么恭维话，使得这高卢佬立即对我竖起了大拇哥。

此时，我突然想到了内务府的冰窖，那保不齐还有存货。

得先从冰窖里挖出存货。这原是内务府作坊所产，多供于藩使。两宫西巡前，禁内所有地窖子，都埋藏了无计的金银珠宝古玩，这在当时是绝密。至于这些谁也看不上眼的东西——旗兵配用的扳指，又何止成千上万？因随意堆在不起眼的冰窖内，联军便以为是无甚用场的算盘珠子一类的杂物。没一会儿便挖出了满筐。还怕法国人挑眼看不上，又交给工匠回锅加工。

历来在打仗前都会配发扳指儿，无论哪个旗兵，也会提搂一串儿。桃木的，嫌它辟邪但不结实；土玉的，又嫌它爱丢失、易碎；即便有真正翡翠料子，却都不愿将它做成扳指而糟践大料。旗兵是最喜实用的，如硬杂木的花梨、麻梨、酸枣枝、紫檀、黄檀、金丝楠等，只要上手好用，皆身上必务。若临杀场，为引敌上当，往往还会将这些药花绿绿、花里胡哨的玩意儿故意扔下，既可助人逃跑，还能兼施诡计。

见到经再加工出坊的糙扳指，已变得玲珑剔透，我大喜过望。其实，那不过是玉石下脚料，经再次磨光，即制成这几个混蛋的"宝贝"。这将希斯特等乐得屁颠屁颠儿的，还跑过来抱住我亲嘴，弄得我恶心腻歪一阵子。

我心里道："大清稀世珍宝无数，他们却视此扳指为金，没见过世面是也！"

希斯特高兴地挑出成色稍好的扳指，拉我去献给联军统帅——瓦德西及法军统帅弗雷尔。弗雷尔倒还算矜持，而那老瓦则口衔烟斗，对扳指左看右瞧的，并拿来弓弦叫我示范，看明白后，他连连点头称赞。这回希斯特在上司弗雷尔面前大为风光，并被奖赏大包的"雪茄"，而他转手全送了我。我方才参悟透，大概是身处异地，只有荒凉和贫困。难怪他们专有运货物的洋官，无论我国的"金的银的，铜的铁的"全部都要当作宝物，无停歇地运回西方。

闻听我朝赔白银九亿两，得还近四十年，法军营像过洋年，既吹西洋喇叭，又敲我朝的锣鼓，法兵都喜气洋洋地跳舞喝酒唱歌，并与东城的法军相互串联一气，借着酒意有的还哭喊起来，皆开始思念家乡。更无意再加固监牢防守。而希斯特的一贯主张是，每跑掉一人，便要看押教民罚缴制钱一串。规矩弄得教民挨个打退堂鼓，谁也不想再做这受累不讨好的"狱差"，尽管都曾分到过联军抢来的散银。

而"议和"后我旗营内，皆处在一片悲哀当中。已返回的旗兵，大部分人觉得败得冤枉，便开始怨恨我朝野无能人率兵抵抗。

十六话　饿极"吃"活人

由于联军大牢总逃人不断，我等不得不东奔西跑瞎应付，往返几牢狱间。而这时老几位，又不断回来了几个，彼此自是暗自感慨一番。我等均在联军下值差，像在救看不见的火，顾东顾不了西，因而屡遭联军责骂。还无意中在城西刑部大牢，撞见了额克麻阿，他因殴打教民被关押，若不是总理衙门出面作保，也许早被砍了头。现在被上枷下锁的，扔在木笼里圈着，他散发成绺，两眼凹陷，胡须暴长，似野人一般。

额克麻阿身披上下大件的双层铜木锁枷，因双手被枷，只能将尿解溲在裤兜里。那间牢房味道腥臊，活似个猛兽笼。见到我时非要酒喝。

他说，他骑马找遍乌兰扎布，而老婆孩儿，到现在还生殁不明。原来，他随溃伍逃出城后，不知捡（也许是抢）了谁一匹马，直往北大道，想远离京城这个憋屈地方，去已向往多年的草原。他一路颠簸劳累，风餐露宿，饥饿无食。一天，他饿得迷迷糊糊，就见逃难人群，呼呼往四下里跑开去。定睛一看，眼前是一群脏了吧唧、披头散发的强人横在路上，"谁有吃的喝的？快快交出来！不然定杀不赦！"

额克麻阿仔细一看，强人是绿营兵打扮，衣装陋烂，腰系烂布条。他虽饿得无力，但实在是忍不下这气，便强打精神道："都是快死的人，吃人吧……"谁知，几个骑马强人一哄围上喊着："吃了他！"

额克麻阿一听乐了，我咋就忘了吃人啦？光听说在沙场吃人肉，老觉得膈应。但混到如今，竟有人要活吃自己，岂不是真要挤对成自己也要吃人啦？想至此，他浑身来劲儿，"那好！还不知人肉什么味呢！"

两边都饿得要死，谁也打不动。这可容得额克麻阿先下手为强了，他解下马缰稍出手，立时从马上摞下一个。结果对方倒喊他："手下留情，您是八旗蒙古吗？"他有气无力走过去，本想咬倒地的人一口，但实不知该怎么下嘴才好。心里可说，死也不能当饿死鬼——对方又喊道："蒙古大爷别急，您哪个旗的？"

"你管大爷是哪旗的？爷是紫禁城侍卫，吃饱了去保定府……对不住，饿呀……"

"保定叫洋人打下啦——给您吃的！别伤我兄弟！"说话间，几个苞米饽饽扔过来，他抓起来狼吞虎咽……原来几人是溃兵。对他说："就这点儿，都没了，俺也不知去哪儿找吃的，东跑西颠的，现住破奶奶庙里。"还说，皇太后是顺着北路下去的，他们听说提督岑春煊，到处杀溃败逃兵，只好走西路，怕自投罗网。结果，打出了缘分。

他跟这几人，一同跑到保定府。这几人是在京津一带，白毛子统领宋庆的兵，后又投了绿营，再随军伍溃逃到保定府。额克麻阿知道保定督抚带头率拳民杀洋兵时，惊得张大了嘴，手舞足蹈起来。可直到联军攻占保定府后，他几人还没见到督抚的人影，便和溃伍再一起逃亡。

而荣禄武卫军在保定城外，不仅阻击联军，也杀了众多的溃逃兵勇，并将头颅悬挂在沿路树权上。保定守军不仅没得到增援，而荣禄几乎是看着联军陷城的，后又跑到了正定府……额克麻阿的族亲，皆在保定镇守。当听到廷雍及奎恒、王占魁等都抚大员，被联军杀头示众后，竟是放声大哭。

十七话　与联军"议和"

没了家宅的旗人，只好申禀所在旗营，暂搭草棚住下，等发银时再请木瓦匠盖正房。

一时间，木匠成了俏货。江南木匠也开始到京城这抢活儿，连笨木匠也成了宝贝疙瘩。您想，总不能看着别人盖房垒墙，我等干着急吧？再看我家呢，因是以木头为梁的房，也就难逃洋兵火烧。除还有框架之外，都变作一堆烂瓦与焦土。家门口的几株老槐，也成了焦炭。而周围旗民家，不是家奴死，便是谁家奶妈，叫洋兵给糟践后自尽。最可怜的是旗邻格尔哈家的小丫鬟，只有十二岁，便被洋兵糟蹋后扔至水井里。在那一段日月里，谁和谁见面，都不爱搭话多聊。我家祖宗板子，重新做了一块。老的那块早与家谱灰飞烟灭。

内城的众多水井，皆被联军填了畜生死尸或污秽之物。京城的净水立时成了宝贝，最贵的要收制钱。有些井已名存实亡，如四眼井、王府井、甜水井等……一担清水要收百十大子儿，而买一个猪头也得要一两银子。于是，家家都开始在房顶上码放碗盆罐坛接雨水喝。

老天也在难为国，风、雨、雹灾，连绵不断。

京都开始大兴土木，整修被烧坏的宫殿，能干活的便留在了京都，内外城成了一片工地。废墟不断被掩埋，城内地势一再长高，一下雨便低处积水。

我身旁有个叫敖汉的护军佐领，在开战之前，因家有瘫父所以晚到一步。待到时，属下全殁在正阳门瓮城。此后，他也是因要不着饭差点被饿死，多亏一个倒卖窑姐儿的家伙，救了他并叫他做帮手。还好，他老婆孩子都还在。

开始他也怕被督捕司追查，但后来，看见同时逃走的都悄悄溜回来，他先试着去督捕司那探寻。结果，连门都不知扔哪儿去了，哪儿还有督捕司？大清门后的棋盘街——六部衙门，早被没人的蒿草掩盖。他竟忘了，连旗人头上的天——两宫都"西巡"。见我便道："怎说败就败呢？联军就算有八国之多，那么在乾隆朝时，怎没这糟糕事？"他说，往北逃的人，几近连一口吃的也没有。人们都先去啃榆树，再就是啃果树，先是吃榆、桃、杏等树皮，然后再吃紫苦麻、苦丁、野韭菜、鱼腥草等，再就吃不识得的野菜。老辈旗人能叫出许多野菜名讳，但现在，即便是从乡野而来的长、短工都以认识野菜为耻。渐渐地，连从地里刨食的农夫，也不认识野菜了。京城乡下，被饥饿的人们挖了个遍，本已被绿草掩盖几百年的大元土城，也露出土黄脊背。

离京师远的地方传来消息，据说西边儿的强盗土匪都以活人为食。而百姓也开始吃殁人。这本该在沙场上发生的事，却出现在逃难人群中：有吃自家萨里甘的、吃自家孩珠子的，遇有仇恨的，更相互憋着要吃……只有经过那次灾难的人们，才知活下来的艰难。就算是手里有金银也没用，不被吃掉已是极幸运了。

希斯特近日透露，联军统帅为斩杀拳民做出议定，已连催总理衙门，要求需速集结我朝已返旗兵，为国做"议和"后的最大"表率"。所谓"表率"即是联军士兵不再杀戮任何人，皆要由我朝官兵亲自将拳民杀害。这才真正能显示大清国对"友邦"态度。因其曾打过"奉旨义和团"旗号，朝廷难辞其"咎"。若真有诚心"议和"，必须要在光绪二十七年五月节前动手。

而已返归的旗兵，一听说洋兵要我等"骑墙做人"，便又有人借故逃出城门再次藏觅。

等再商讨时，我朝王与大臣，总被联军统帅们训斥得无地自容，常叫我朝谈判之臣，站在桌前。洋人向来翻脸不认人，而庆亲王奕劻的银葫芦顶轿子，已制了多副，简直成了接送联军各国统帅的专辇。于是，尽管是总理衙门的京官被罚站着，但仍对洋公使最后申明：

"在我朝，只有专操此业的刽子手，才允可亲手行刑。"

在场的洋公使闻听后哄堂大笑，说："那好，联军会耐下心等，等你把刽子手找齐再说吧！但'议和'条约仍不能签，就由你朝供应联军粮食吧。"

漕河扬帆，道路开通，干吗呢？得供给洋大人们好吃好喝好好糟践了。于是，京畿外的粮食与鸡鸭，开始源源不断地入京。

庆亲王命一班抄手昼夜忙碌了几日后终于明示我等，要招些民间刽子手，不然绝过不了联军这一关。又没几日，告示终于发下来。见告示落款是"总理衙门""刑部""步军统领衙门"等一排空衙门，却无印章。上面连"奉天承运"都没有。

小蔓菁带头挑出了大毛病，说这还是杀头的罪过。他道："可别等贴出去后，再落个假传圣旨的罪过。"都明白，我朝历来有制，凡矫旨、涂改，都属欺君罔上之罪，非杀即剐。这一说，吓了我等一大跳，但又句句依理，语无戏言。连从来马大哈的额克麻阿也摇头连称："不妥不妥。"都觉得该去总理衙门问询，免得以后担惊受怕。历来传旨的，自会回答接旨人的疑问。真去趟总理衙门？那地方处于东堂子内，是洋兵扎堆的地方。虽说东单牌楼北的街垒刚拆除，但尚有洋兵端枪守着，是几步一岗，不亚于龙潭虎穴，有谁敢去找庆亲王？就凭这言语不通，还不得叫洋兵用皮靴鞡踹回来？

"找古尔去！"小蔓菁说，"普鲁士兵占庆王府邸时，眼看要烧银安殿啦，多亏古尔领高卢兵前去搭救，直到现在庆亲王也念他好呢。古尔的爷爷，曾娶的是德国奶奶，他懂德语。军职比希斯特都高，他阿玛在北非是奴隶主。"果然，古尔出面帮衬了此事。

我等"正事"得以了结，总算是艰难地贴完令人头疼的"告示"。

联军早不耐烦了。其实早在二十六年冬月，便叫我朝王公百官陪绑，将恩海行刑杀殁于东华门外。当天我也在陪绑人群中。看着法场上众多的西洋记者，屡屡举闪亮光机器拍照，而在我等队伍当中，同样有诸多大员。散场时，我用余光扫了眼恩海戴的脚镣，是被布条缠住了锐棱。当下我寻思，想必德国人见到这"从容赴死的爷们儿"后，也会佩服。从此，我再听谁提起恩海时，总会无声无息地躲开话题，他令我等至今都惭愧不已。历年遇其忌日时，旗邻们总要给他送纸钱，因怕当朝追查恩海晚辈的去向，对打听的人都会异口同声："别问了，他没后。"

转年春暖。我朝派载沣等王公，远渡重洋到德、日等国"赔罪"。在恩海行刑的地方，还为克林德专立了座汉白玉石牌坊。

总理衙门誊写告示后，均由洋兵贴至九门之外。其措辞中用"转世师傅"替代"刽子手"几字。

许是联军更为急迫。便命教民邮差穿上联军制服后，顶替我朝的六百里加急。而京畿各衙门见此制服后，须管吃管喝管住，绝不敢怠慢半分。洋服已成为在我朝土地上的万能腰牌，难怪总理衙门给我等花银买洋服呢，看来颇有些道理。

其实，联军与我朝多营的马步军伍，早已分不出来。头几年时，聂士成的武卫军，曾配发硬壳德国军帽与一色黑的紧身小袖口德国军服，曾被旗人诅咒为"忘祖逆军"。而我穿得这身儿，若非小蔓菁和洋兵熟脸熟交情，还说不定卖我一身什么破烂呢。与最后进京的普鲁士洋兵相比，由于被德皇重视，其皇室宪兵是人人顶闪亮的铜盔，还脚蹬高腰马刺的马靴。

德皇的"禁卫兵"，前后还有精铜护心镜。军官都配以西洋大马，个个是趾高气扬，走路都牛气冲天的；后面还总跟着拍照的一群西洋记者。对比起德军来，则英吉利兵的穿着，均鲜艳色彩夺目，能分出多种军装。他们的水兵、骑甲、步甲、炮甲等各有特色；沙俄兵的草黄冬装大衣是粗犷大方。

而高卢兵装束，则是蓝色毛料上衣，夏天衣着因色浅甚是易脏，高硬布帽，像头顶歪花盆，配白色制服裤，皮带却比英吉利人的宽阔。而所有联军士兵的枪刺，属日本的最长，其铳多与我朝相近；而意兵竟是最不愿开炮打仗的懒兵。希斯特说他们是"惜炮如金的吝啬鬼"。而最飒气的则是各国海军服，真是五彩斑斓。天热时，大多以浅色，而寒冷时，联军制服便显示出西洋的优越，而这正是我朝望尘莫及的，也成了后来最先的仿效。

贴发告示后，我等由联军统帅点头，并受总理衙门调遣，正式借由离开在法兵营。临走时，希斯特、古尔等法兵，对我等依依不舍，他俩又再次说服我去法国做侨。并声称，兴许我是最有活路的。我推脱的办法是，家人目前尚未找到，所以总不敢不顾家中的长者而自去西方一游。古尔又送我一把法式军刀，说要我想着"朋友"，什么"朋友"？简直是我的"匪朋盗友"。

因镶白旗营先前一直驻扎日本兵，所以旗营内的锅灶及营舍均完整无损。营墙已被增缮砌高，南北重设有砖堡。遥对不远的是神路街大琉璃牌坊，而再前是东岳庙前大牌楼。而日本与法军在东岳庙里也有部分驻军。原来在此能看见以西的齐化门城楼，但被日本兵几百颗炮子炸没影后，仍留有城墙豁子。而为此修缮的灰料，也陆续运至城外，只等待联军撤兵后开工。因到处暴土扬场，遇雨雪便满是泥泞，走路能糊满一脚，所以马车绝难行走。齐外门北为鸡市口头条，原为我朝东城署和北营外西一守备署所在，毗邻元老胡同。

一到此地就算是放了鹰。我等总算是自由点了。

凡在庚子年间，因抵抗联军而受炮伤的守城旗兵，存活下来的不多，每处伤口哪怕是即刻救治，但只化脓，并不结疤，按老营医说法，这便是联军在炮子儿中，放置了含有邪气的东西，他们叫它"瘴气弹"。含有剧毒，类似砒霜、耗子药之类，后来就叫做"毒味炮弹"。不用说中弹就好不了，而且若闻多这气味，也会是先昏迷后尽忠的……

但没曾想到的是，朝廷终对于联军的白烟炮子儿封了我等的嘴，不容许再提起。

下部

富察·多尔济、富察·多尔奎、富察·多尔增三兄弟的忆述

白烟炮弹是不炸人也能熏殁人的有毒炮子儿

——富察·多尔奎

富察·多尔奎及富察·多尔增简介

富察·多尔奎、多尔增为阿巴力翰的次子、三子，是富察·多尔济的二弟、三弟。富察·多尔奎为作者的姥爷。二人从善扑营直拨至『京师护军督战黄马褂』，辛亥后仍在小廷为侍，直到溥仪出宫。

一话　督战西便门（多尔奎）

我不似多尔济那么的死性，也绝非他想象得那么笨蛋。虽说我的布库戏法早大有长进，但他总认为我哥儿几个都是笨家伙。也许是我们几个加起来也不是他对手的缘故。他终是很强。

可要聊起打仗来，我并不比他少知道多少。特别是德国教官教的，遇见枪子儿，要在地上爬着走，他不一定比我爬得快。要说起兵法，我也许知道的比他更多。南书房的师傅，在给贝子、贝勒们讲《孙子兵法》时，大概意思是说，当强敌来到时，即要避其锋芒，使强敌一而再，再而竭，待敌竭后而我必胜。别看咱没打过仗，但却盼望自己起码要披红挂彩地露露脸面。

庚子年前，各旗衙门领着武卫军参佐，常不断来护军营挑个子高的、长相说得过去的。我个子高，但虚岁只有十五岁，想不到却被挑中了督战亲兵——也成了黄马褂。这也是我能在禁城中开始见到多尔济的缘故。我记得那时，在紫禁城各门外的明处，都曾摆着一尊尊"红衣"和巨大的"克虏伯"及各类铁铜大炮，但看不见炮子。在刚喊对"万国开战"前，便将多数大炮都被运到齐化门瓮城和城外三里河就近的一个窑坑（东岳庙后身）。这时，领侍卫大臣，便领我几个小字辈儿，回宫领取腰刀、火铳和一只独腿镜，并匆忙选好战马，即刻出宫督战。

我对外城很陌生。因坐下是快马，才出东安门后少半个时辰，即到了我的目的地——东便门角楼。督军大臣头几日讲京师地理时，他说，外城有七座门，而东面仅有两座城门，一为东便门，二为沙窝门，皆归属的甘军董大帅亲自督守。当东便门角门前的攻城炮火最早轰城楼时，我正往楼阶级上走。顿时，一片天摇地晃，将我震得好似晕船，老觉着身子晃悠。城头传令官，凑到藏兵洞前，正对一位旗兵佐领喊道："萨尔达，您小心……"未说完，我几乎是看着炮子落地。只听"轰轰"几声，传令官便在呛人的浓雾中，与几个拳民被一颗炮子炸飞。几十块大城砖也一起给轰上了天，他们的身子都被撕成几段！腥乎乎的鲜血，溅了远近的人一身一脸。刚还迎风飘舞的大帅旗被拦腰炸断。见到这场景，我几个全被吓得浑身发抖，都蹲坐在地上。这是我头回看见活人被炸殁成好几截……胸口好是扑通了一阵儿。

城楼上一时被炸起来的烟尘笼罩，遮住视线，迷了眼睛。等我再睁眼时，暴土迷蒙的，什么都看不清，似乎城上人都被这几颗炮子儿炸殁。城东南犄角被炸豁一大块。我从垛口处偷偷往下一看，城下的洋兵却只在洼处趴着，并不急于往上冲。

我拿起"独腿镜"再看，城外有数不清的洋炮横排在那里，洋兵还在用大炮瞄准，看不出他们有多着急，似乎胸有成竹，但我却感到心里扑通通一个劲儿地乱跳。而昨天早起，董大帅还在说"洋人多不过三两门破炮呢"。片刻后，城上旗兄们也渐渐缓过神儿来，将大炮与火铳，一股脑儿都打向城外。但洋兵却躲藏在大树后、水渠里，还有新挖的"洋兵坑"内，铳炮只伤着几个洋兵，但也击中了一门洋炮。

城门佐阿格满柱曾是火器营中出名的炮甲，别看年岁稍长，但他打的炮绝没有空响，火器营中绰号"砸人炮"。洋兵一见炮打得准，便撇下被打坏的洋炮，跑到更远处躲避。而守军副参领，在洋兵开第一炮时便给炸殁，连董大帅身上也溅上血，还有人说他也挂了花。当即便被几个佐领挽到后面，但又说帐篷不遮炮子，便撤到再远一点的伙头房，那有一座冰窖最保险。

洋炮停了好一阵，只可惜，城上守军并未事先准备一支旗兵去追杀。假若这会儿要能真抢过来些大炮，我敢说，东便门还不一定被洋兵占得了呢，太可惜了！这会儿只是在干等着洋人一点点地增兵、增炮，更是不急不恼地开炮打你。嗨！一开始便是窝囊仗。

阿格满柱到底是打过仗的老兵，他嘴叼着烟锅子喊道："在城上就是等死，不怕死的，给我站出几个来！

这一呼喊，先是个头老高的城门尉，扔下那架在垛口上的、八尺半的加重抬铳，抄起身边一杆虎皮扎枪，带头嚷着："谁跟我打短冲？听我令开火！"话音刚落，旗兄们从藏兵洞内呼啦地钻出一大群来，都抢着要去。他转头对我道："您得赶紧往上报信儿，说这儿最少也得有十门洋炮，城楼注定要守不住！咱那炮是废物，不是远就是近……"

我听罢，便急匆匆挤出人群，跑着下城，可我腿软得厉害，几次觉着要掉下城去。连忙叫随我同来的阿拉尔森，取来笔墨纸，赶紧写战报。这时，城外洋炮又轰响起来，有几人还打算冲出去，被"砸人炮"阿格满柱拦下来，"你们得长点儿记性！打炮时洋兵不往城上爬，只有炸出城豁口，炮停住，洋兵才会往前来。现在，只盯着垛口，只要炮一停，咱再露头。先备好铳药。"照他的说法，大家忙着填药装铁砂。这会儿，我已将阿拉尔森打发走。每个时辰传一次战报，不敢违命抗旨。我即在纸上标注："若再派些个移动的好炮最为紧要。"他骑上马急慌慌地奔了"拨值岗"，会有人继续传下一值岗，直至武卫中军大帐。我后来直后悔，忘了将老董撤走的事情上禀。

洋兵再打了一刻时炮后，角楼城墙已被炸没一角，几个箭垛子剩成少半个。约有一袋烟工夫，洋兵见城上毫无动静，这才开始不慌不忙地，顺着城墙倒塌的瓦砾，开始聚人攻城。但因城上的近百支新旧鸟铳开火，突然成霰子般打过去，离此最近的十几个洋兵全被打倒，再没一个爬起来……

见吃了亏，洋炮对城头又是一通狂轰滥炸。借着炮火造出的浓烟，又有几丛洋兵，搬着长木硬梯，小碎着步往城墙豁子这边跑来，后面还跟着一个端枪开火与挥洋刀的洋官。他们胡乱喊叫着，死盯着被洋炮炸豁的城豁子，这是他们唯一能爬上来的地方。只听见阿格满柱大吼着："打！"吼叫如同一颗炮弹子儿先炸开一样，所有火铳都砰砰打向那些已接近城墙豁口的洋兵。倒下几个后，其余都被迫趴在倒塌的碎砖砾上，窝住不敢动弹。

城门尉带着几十个旗兵，呼喊着抢着大砍刀带头跳下城豁子，直接冲到洋兵面前用大刀砍、用长枪刺，还向更远的几个趴在地上的洋兵放铳！

趴在地上的洋兵一见，吓得往回跑。只见城门尉口衔钢环大刀，两手提着一个半死洋兵，深一脚浅一脚地往回返。此时，吓跑的洋兵这才重又回过头想起开枪，只打得城墙火星乱溅。直到大家踩着碎砖快爬上城来时，洋炮才开打过来！这回炮子儿冒的是白烟，是极其呛人的一种气味儿，熏得我们是哇哇直吐……

藏兵洞外又是一片轰轰的炸雷。我在洞内只感到，城楼是一块一坨地倒塌，楼上大小檩条砸来砸去的，砸到洞顶又滚下城去。被压在里面的旗兄们的啼哭声、呼救声，弄得我们耳根子发麻，双腿打抖。那位因威勇大胜而归的城门尉，与被抓洋兵一起，全都被白烟炮子炸殁在城楼西北角垛口。待炮火过后，少半个城楼已成了一堆稀烂的砖瓦堆，另一半也被炸成了处处裂口子的危楼。

我若不是躲在藏兵洞内，即便是不炸死，也得被活埋了。开仗近一个时辰，洋炮便将几十位旗兄炸得殁无葬身之地！我这时才如梦方醒，这便是沙场！

等洋炮停歇下来，我捂住鼻口，紧眨沾满灰土的眼皮，哆嗦着，大着胆子，重新钻出藏兵洞往外探头看，只见城墙豁子外，有一个高举白绿红三色旗的洋兵在喊话不止："快快受降！快受降吧……"真见鬼了，却是我朝的乡下语言。

见没人搭理他们，洋兵边喊着复又拥过来，但这次没人抬梯子，只是旗子多了好几面。

第一个洋兵蹑手蹑脚，他离城墙很远时便往墙上面踅摸，见没动静，随后才抢头功似的往前爬城。其实，我们几个就在他们眼前，只不过都成了"遁地土行孙"。从砖孔中看清楚洋兵后，腿又开始发抖。前边洋兵见无动静，后边洋兵便呼噜噜拥上前来。举刀的洋佐领，一定以为我们都早已被炸殁，便立即驱赶洋兵快上，他还嚷喊着什么。我寻思，他也在壮胆。这会儿我连大气都不敢喘一口……

还没容洋兵在豁口处站稳脚，就听到又一声霹雷般的怒吼："打！"几支长火铳冒火舌，一起打在了前几个洋兵脑瓜门上，只见红血四溅，几个满脸花的洋兵一股脑地栽到城墙下。其他洋兵哇啦啦地叫着，都滚下斜坡，后边的也扭头往回跑，那个洋佐领也被打趴下……阿格满柱又用快铳对准豁口对面一门火炮的捻子，这是他早上刚填满药的、一门不争气的哑炮，刚开打就没响动。但阿格满柱不死心，他说再试试，兴许打炮捻子，能引着炮药帮上忙……轰！对面豁子上的哑炮，像是明白人是怎么想似的，带着一团巨大的火球奔向了洋兵来的方向，我们也好比要飞上天去，和洞子一块儿乱颤。我琢磨，洋兵是一个也活不成了，那地方又埋上了半尺厚的砖瓦和泥土……而我们几个还在塌了一半的藏兵洞内，一个也没殁……阿格满柱突然想起来什么，着急地说道："不知水关怎样了？丢了咱就是死定了！"他双脚已被炸伤，站立与行走，都很是艰难。于是我便和另几个旗兵，摸黑急跑进水关。

听老侍卫讲过，东便门角楼下的水关，比别城楼水关地势高，这是为防止水倒灌进城内。而内城水几乎都要流经这里出城。洞子高，是因当年的水位高，出城东行流经通惠河。在水关洞内别说是走，撒开丫子跑时也会富富有余。在我们还盼着眼前的洋兵别再进攻时，却不知洋兵们怎么发现的这干枯后水关的高大洞口（后来知道，洋兵向导皆是我朝子民）。在我们还搜寻城外的动静之时，不料已钻到内水关的几个洋兵，却用炸药轰碎了水关的铁栅栏。钻进城内后，噼噼啪啪地对着城楼上的旗兵开起火来，炸开的藏兵洞口也被他们发现。

沙窝门的守军，一发现城内有了洋兵，便从城上跑过来，边跑边开火，将冒头的几个洋兵先打死，其他全被打回去。许是一见水关的洋兵被堵回来，城下的洋炮又对着城楼猛轰起来，看样子还想打大了豁口。假若真达到目的，别说再拦住洋兵，就算用活人堆起墙来，也抵挡不住。

但没料到，水关通道还是出了事。原钻进来的洋兵，并未完全退回，而是悄悄摸上了角楼，对我们来了一个里外夹击，当时便打倒多位旗兄，都是身后中的枪子。

更糟糕的是，钻进水关的洋兵，轻易获得了我们藏的几十箱炮子，断了大炮的粮食。原是怕藏在洞里，对自己人造成危险，但洋兵却利用它们，用洋铳打炸集中在一处的炮子！尽管我们还在冒着洋炮的轰炸，对城下放铳，但洋兵的三五杆快枪，却足以抵挡我们的几十杆火铳，而面对洋兵的连珠炮，我们只有将脑袋藏得低低的，半天抬不起来。洋炮洋铳将我们打得找不着了南北。我见"砸人炮"阿格满柱胸口上铜护心镜已碎了，便道："您的镜子碎了。"

阿格满柱哈哈大笑起来道："小爷就是小爷，不赖！奴才我这护心镜子还算是好的，里外有三层，您看别人有吗？最早是铜的，后来便换成混铜，您再看看绿营，都是铁的啊。你没见，刚才殁了的佐领的护心是皮的吗？"

洋炮再次发威，使我们再难抬头，城墙豁口终于被洋炮狠狠地撕大，但却突然停了打炮，洋兵还是照原样，等到没动静或尘土过后再攻上来。

藏兵洞已被残砖瓦砾封住大半洞口，塌得只露了一块天，趁空闲，我们紧爬出藏兵洞，忙不迭地对从水关里钻出来的洋兵开枪，边回身爬上通往沙窝门的城墙。而角楼的另一个角，眼看着又被炸得粉碎！

"完啦，全完啦！"阿格满柱声嘶力竭哭喊着，在藏兵洞前爬行，我们几个赶忙架起他往城墙上爬。此时看到的是：南面的左安门、右安门，北面齐化门、东直门一带，全都笼罩在黑黑的滚滚浓烟中。发威的，依然还是此起彼伏的洋炮，好像眼前的城墙都要倒塌一样，叫人站立不稳。而内外城中冒出股股黑烟，枪炮声响成一片，墨似的浓烟弥漫在京城上空，多处民宅已燃起了大火……我忽想到："京城真要完啦？可我们还没真正打哪！我和旗兵松荣两人架着阿格满柱，不顾一切地往城墙上爬，打算尽快离开此地。众多骑马拉炮的洋兵，根本不在意这城上面还有人似的，只是快速冲进角门，直奔了东边的哈德门。

我于是说："阿格爷，洋兵奔哈德门了——"一摊稀泥般的阿格满柱，有气无力地说："傻小子，他们奔的是大清门，那儿是国阙呀……"

国阙？这是说，洋兵奔的是大清的国阙，但却看不出内城有什么准备，那皇宫里可还有我们的皇上呢！

"放心吧……管事的没什么还在的，新军旧军的，都是糟践银子，从咸丰年英法打来，他们早学会了先跑……"我却没明白他说的到底是何意。

东便门遭炮轰之后，洋兵怕我朝增援旗兵去背后偷袭他们，于是只分出部分洋兵来攻打沙窝门。虽说是兵临城下，但我从城上却看不到几个洋兵，也许是他们晓得，我大清旗兵的勇敢无惧。洋兵只是靠洋炮来狂轰城楼。他们或许以为，只要攻进正阳门，大清旗兵便会全部挑上白旗。但他们都想错了。

但我们吃了大亏。

正阳门遭炮轰之后，东、西便门的残余守军都全力以赴，骑快马来增援。只可惜生马没听过炮声，一听即惊，到处瞎蹦，将援军扔得跌下马背。加之正阳门外道路是正南正北，洋兵在援伍未到之前，只几十门炮，正阳门城楼即被洋炮打没了魂，而号称千斤闸的木混铁皮城门，也被打着起火。城楼守军，几乎全军覆没。几十个活着的，只好跑进天安门内，再爬上城楼，继续抵抗洋兵。但洋兵的炮子，有一种比石灰面儿还呛的气味，没被炸死的人，却都被这气味熏得难再站起来，瘫在那里的不计其数。

事后，京城有几位活着的城门吏，总不断到处念叨说："联军的洋炮是催命鬼儿，英美是攻得最快的洋兵，他们的炮弹，是带杀人味的毒弹，是一种'瘴气弹'，炸不死也会被呛死。"这几个官佐，原是受过西洋教官训教的，知道如何去对付"瘴气弹"。而瘴气炮子，不单能炸死人，凭着刺鼻气味，便可杀人不见血。而他们皆是撒了泡尿在头盖巾上，捂住了鼻口，才未被"瘴气弹"熏死。不懂内里的人，还以为是官长拿他们打哈哈，结果，凡是磨不开面子的，没几个时辰便丢了命。

白烟炮弹是不炸人也能熏毙人的炮子儿，我到死也记着呢。

二话 路遇"孙二娘"（多尔奎）

守军多随扈两宫西去，只剩下了少许的旗兵，还早早地打起了白旗。待联军进驻宣化城时，为追究我们这类的多支失踪溃伍，还专门命当地教民，用问话听口音的办法，想查出外人来。但架不住我们的京腔都韵，完全改了原味儿，说快了，有时连自己也不懂，到底是哪方口音。结果，联军又设站查验过路人手上有没握刀枪的老膙，一查不打紧，几乎被扣住的全是当地农夫，做活吃饭，谁不是满手厚膙？后来，挨家挨户地搜查，但家家户户皆空如洗，照样是白费劲儿。而没等他查完，都借低矮院墙，随便一翻身，我等早颠儿了。

当得知两宫已到了长安，小哥儿几个不由得抱头哭了一场。喜的是皇上安在，哭的是对现今局势知道得如此清晰。

最后，我们几个决定也奔长安。

还没走到华山地域，就曾遇到多股的土匪。有要钱的，有问带着大围女没有，有向我们要吃要喝的，还有拉我们入伙的。最是一股土匪厉害，他们端铳持刀，突然不知从哪就冒了出来，说要我们给他们去做长工。

我和莫林阿、苏里山等人还寻思，我们就那么像"扛长活"的吗？于是我们试着与他们商量，能不能先给口饭吃，他们很痛快地答应，说跟着他们走就成。有人管咱饭吃？天大的好事啊，敢比上朝廷的粥场了。

跟他们走了有七八里地远，正在人马劳乏时，就见到一处有炮楼的炮围子，炮楼还有几处垛口，乍看有点香山大营的碉楼的意思，但又没那么富态，只是土坯堆砌的。当走近时，才发现土围子里面竟是很大一块院落。

院中站着几个女人与孩子，我们当时可就惊呆了，竟然是那么奇瘦无比，脸上瘦得没肉，面色蜡黄泛青。再一进了屋子不打紧，桌子上还真摆有一坛坛的酒与棒子饽饽，还有几块酱肉。一见肉不要紧，我们几个都是蹿过去上去便啃，虽还不知是什么肉，但吃了几口便因为吞得过快，个个都噎了一下，又赶紧伸手去抢酒坛。但这时，我无意中看了一下请我们来的那几个人，都在用一种很凶狠的眼光看着我们，我便一个劲地咽唾沫（暗号），并悄悄地提醒身边的几个人。虽然表面还笑着，但我们几个人已经伸手摸起来一直踩在脚下的铳。

总算救了大家。只倒下了一个人，还有俩人迷迷糊糊地要倒还没倒。哼，敢情还真玩了黑的。这便是早就听说，但却是头一回遇到的"人肉行的生意"。在山陕这一带也叫做吃"生肉"，指的是吃活人肉。几个人咬牙过了难受劲儿，再回过头来时，那几个引我们来的人都不见了踪影。果然是人肉铺子。

我们见院里有缸水还清亮，便跑过去紧着喝了几口。旗兄们喊着，到处搜找粮食。而那几个女人与孩子，照样在那里站着，一动不动的，像是活死人一般。于是，我们把女人捆了起来，逼问她们究竟是怎么回事，但她们还是一声不吭的。我们东翻西翻的，总算是找到了一屋子白骨。

那堆白骨吓出了我们的冷汗……而我们吃的肯定无疑，都是死人肉。我们哇哇大吐起来。最后只好贴了一大锅的饼子，拿上了几块腌萝卜，还牵出一匹瘦骡子，赶紧出了围子……

三话　长安见两宫（多尔奎）

过大同，经临汾、霍县，总算来到了"三秦要道""八省通衢"的渭南……在乡下是一路帮工、乞讨，终于到了西安的东大门——渭南。而若非沿途都是马玉坤所辖的满洲旗兵，还不知要到什么地方。只见沿途旗兵布防严密，营盘众多，而最高兴的是，终于听到了京腔京韵。

西安城的东门远看极似德胜门。可巧遇上一位官长正是马王昆下辖的一个千总，由他带着，乘着马车，总算是一路上没人再盘问。而西安城内倒像皇城一样，总有众多的步军与马军巡逻。马千总说，两宫圣驾，现在都住在西街的总督衙门内，而新修缮的巡抚衙门甚至附近几个寺庙内，也住满了几路旗兵。既有武卫军，又有甘军、神机营等。所以才一道接一道的，分出四道关卡。进哪一道也得有人带着，就凭我们这一身破烂马褂的打扮，没他带领，早被巡警队给关栅栏笼子了。闲聊之间，总算是到了大雁塔下的"内务府"。马千总经向持洋枪的旗兵问询后，点头对我们几个笑笑走了。

左等右等的，总算是等到了来人。这位小老公是前前后后地好一通打量，又打听我们都是谁、在谁的旗下甲下佐下。当我们自报家门后，小老公撒腿奔去回禀。

李莲英终于站在远处的新油过的五彩阁楼上看了看，下楼又紧走几步走出来，但怎么仔细地打量，但他就是认不出来。等我张嘴说出了话，他才一拍双手，"我的天呦，您怎么晒成黑狗蛋了——"这句话，将我几个人的眼泪儿全都勾了出来，几个人拿李莲英只当作了亲人一般，抱着他哭了起来。老李从怀里掏出了羊肚子巾，像个长辈似的给这个擦完，又给那个擦。身边的小老公道："大总管，您不问问人家吃饭没？"

"哎哟，看咱家的记性，甭管是吃还是没吃，到家喽也得吃，去张罗吧——"

眼看着老李拉着我们的手，边走边抹眼泪儿的样儿，极像长辈。等再端上来香喷喷的羊肉泡馍，就连吃了两大海碗。那可是西安的大海碗，比禁内的海碗还要大出许多，极似个小瓷盆，而这一辣就辣到了耳根子，都吃成了红头涨脸的。

吃饱后，就听老李讲："您几位想见见皇太后，还是皇上？干脆，都见见吧——"

我几个一听，鼓着撑足的肚子，不知所措地竟然向老李跪了下来。老李道："别跪呀，这是怎么话儿说的？过会儿再跪呀——"这么快便能见到两宫天贵，我们几个谁也没想到。

拜见老太后时，她叫我们都抬起头来，挨个看了看我们几个，道："倒是都年纪不大。杀洋人了吗？"

还是苏山阿最有大面儿，他说："回老佛爷，在东安门那杀了几十个洋兵……"

"嗯……命还挺大的，自个儿没伤着吗？"

"伤都好啦。"他露出胳膊，那有一道长长的疤痕。老太后伸脖子看了看笑道："好小子——都歇歇吧。"她说完便起身去了正堂，那早有人在等着请安了。我们也跟着过去。

老太后人虽然是变黑了点儿，倒还是那样眼目晶亮的，只是瘦了些，但气色还好。而请安的还有与两宫一起来这的嫔妃、诸位王公。老太后还是那样儿，只是打扮得大为素净了。

见到诸位，她笑眯眯说了一句："你们都算是命大的，还回护军营吧——"李莲英听后道："你们命好，这有两宫天贵这罩着呢不是？走吧，咱再见见皇上去吧。"

我们一听，便忙着给皇太后叩头不止。李莲英说，我们是第一批赶到这的护军营的人。奔这里来的人不老少，但大多不是京城的旗兵，更没有宫内的皇马褂侍卫。

等见到皇上，皇上也是满面喜气地在那儿坐着。

光绪爷问："是看着洋兵破城的吗？"

我们几个一起答："是看着洋兵破城的。"

他又问:"洋兵进紫禁城了吗?"看样子皇上很是着急。

谁也不敢答,我只好答:"那儿没有冒烟,该是没事的。"

皇上好像在想什么似的,又说:"是,中炮子儿是要冒烟的。你姓什么?在哪个旗?"

"姓富察……镶蓝旗。"

光绪爷点头道:"嗯……富察氏是代代忠臣啊。"他起身进了屋,拿起御笔写了几个字,递给我。我一看是"百年近卫,唯有富察",见是夸我们老富察的,我赶紧再趴下磕响头。等大家伙拉我时我才发觉,皇上已进了暖阁……我们赶紧同老李退出了"圣邸",再去了护军营。

以后就在不远处开始随扈两宫,一直等回到京城。

四话　慈禧看大戏(多尔济)

要说起颐和园,不能不提德和园大戏台。一日,例行公事,老几位依照平日里一样,带刀背筹,顺着走筹路线,借故溜达到德和园。其实就是想瞧瞧这西洋景,到底是什么模样。阿克当阿道:"这是上中下三层戏台,一起敲锣鼓点儿就唱戏。到底是皇家风范!"尽管是油漆未干透,但我等都爬上了大戏台。老几位拉起布库架势,左摆右摇地蹦跳起鹰鹞子步来。

事后,有位姓卢的太监管家专责护理德和园。他告诉我,平常看戏,只是看最下面一层的"寿台",万万岁嘛。如遇大战,那么戏要演完一场,再由上面的"禄台"接上,继续演。因大戏是不能冷场的,借机省却幕布遮掩。不会叫看戏的皇太后,眼巴巴干看着戏子们搬应场家什。而二、三层,平时看戏,还有个不可忽视的用途,便是将锣鼓班子安排在上头,而四角再安排会武功的老公侍卫。这样才不会叫戏班子里存歹念之人,有非分之机会。

再有，敲打配器时，还需加一道功夫，得将锣鼓镲钹蒙上一层纱，以免声音嘈杂尖锐，连鼓槌等也要多包些绸布，将声音压下来。最刺耳的家伙，还要置隔板。依此类推，这都由总管李莲英试定。但头开演，还是出了岔子。鼓乐班子在二、三层，而角儿的"唱、念、坐、打"和一举一动，乐师们再也看不见。相互配合成了件麻烦事，实难天衣无缝。于是，只有将最下一层的南端再加宽，留出乐师坐的地方，前方再挡上纱掩，以回避皇太后。乐师们总算是隐约看见了出场的角儿们，这才配合得体。

过后，又改了主意。干脆将台上汽灯点得亮亮的，乐师坐在最后。等到接二层戏时，乐师得赶紧着上楼。在颐和园还没戏班子时，升平署的人全是这么做的。如若不然，为搬弄台上东西而黑了灯，便是大不敬之举。所以，灯不能完全黑下来，只用纱掩一罩即可。是既不能晃老太后的眼睛，也不能叫老太后看不见台上的角儿。而最大的规矩便是，所有被请来看戏的人，皆不能出声喊"好"，凡随意出声的，很快便会被"请走"。等老太后看美了说"赏"时，老公才会张罗着喊一声"皇太后看赏"。

这时戏子们便齐刷刷地低头，都跪趴在戏台上，等小老公端个铜盘子送上戏台。等老太后先走出园子去后，这会儿老公才会再喊道："观客捧场——"大家这才可以鼓掌、喊好——这便是在宫里唱大戏的规矩。

后来民间教幼子说的儿谚便是："拉大锯扯大锯，姥姥家里唱大戏，接闺女，请额婿，小外孙子也要去，不要他去，他非要去，姥姥的大戏有规矩，（只有）叽里咕噜地滚回去……"

这姥姥，便是指皇太后。若真叫外孙子也去的话，准会闹场，姥姥的规矩，是谁也不敢破的。而旗人最尊贵的姥姥，除皇太后还能有谁？

满洲人家中，男子除了痴傻乜呆，皆有公差在身。京城内数旗人家姥姥在家居多，而且多年来，老伴多因战死病亡，不少人家里，只剩下孤儿寡母或小外孙子。而寡母皆是从一而终不得再嫁的，这是大清举国认可的悲哀。光绪爷登宝之后，旗人每年的粮米饷钱，只要是家中有孤老婆子或有守寡女流的，全要在元旦、端午、中秋节前多拨给一份"抚粮抚银"，以此来奖赏姥姥辈分的人的忠诚无二。而这童谚，却是个老死在颐和园的老公编的。却流传在旗人家的姥姥与下下一辈儿外孙的嘴里。

阿玛说，还有一年，西宫皇太后往娘家送年礼，不由也想念起做姑奶奶时那些没出阁的伙伴，于是便撺掇东宫和她一起来请。但东宫只想请嫡亲，而其又是隶属蒙古勋族，弄得西宫没了主意，便叫李莲英出招。东宫的脾气是说完便不再商量，不料，前去的老公却一齐哭起来。当东、西宫问起，李莲英答道："奴才回老家时，曾见到汉军旗人家中，因孤寡老妪太多，遇灾后，不得不逃荒乞讨，结果就收留在家里几个。其老伴、儿子皆为大清国战死，竟还被土财主索债时而逼得举家出走，还带着个很小孩珠子……"李莲英就是李莲英。而另一老公也道，他亲戚来京做生意，本不想在京添置房产，但有位旗家姥姥，领着小外孙前来跪求他买宅子。缘故是，宅子虽重要，但举家老少，总要吃饭穿衣，拉扯孩珠子。弄得他亲戚买房不是，不买也不是，只好奉送些银两周济那位姥姥……两宫太后听罢，便随着一同掉起泪来，恨不得现在就下各旗走一圈。

最后东宫还是听了西宫的主意，各自请来娘家旗下的"孤寡姥姥"进宫看戏，借机会赏放散银。这事不仅传遍八旗内，并举国反响。都统、参领及章京们，也学着做起来。一时间，我额娘那叫领情，对着白衣大士是日日加班上香叩拜，祝的是"皇太后万寿，万万岁"。

等到庚子年后，每逢年节，皇太后都会恩准在京城旗人聚集地搭上敞篷的戏台。叫二流三流戏子与下海票友，在每年万圣节前后，大敲锣鼓地唱遍京城。而落实惠的，便是旗人与外城子民。京畿之外的大小戏班，也借这风，来京城献艺。而李莲英做好事，也有了好报，回家探亲时，皇太后专赐赏了份"孝顺银子"，允其穿顶戴朝服回家，可留画像在故宅，光祖耀宗。

额娘额嬷也是姥姥，先是对此大为感恩。她们虽未守寡，但仍要孝敬婆婆及奶奶婆。而我玛法辈儿，就有三个奶奶婆。婆婆、奶奶婆一同守寡多年。虽说家里还有妈子、苏拉啊哈、管家等一堆人，但照样见不着顶事的男人。额娘逢人便说，皇太后最好，心里有咱旗家姥姥。于是，我镶蓝旗内，一改过去"好事向与皇太后无关"说法，渐在言语中听到，现今的恩典，都来自皇太后。

旗人常年有大戏看不说，当过年时，骡马车送来的额外粮俸，也使得我太太、额娘在心满意足当中，腰杆自会直起来很多。不然，仅凭西山那几十亩薄地，还不够付工钱的。

德和园的缮建也给我等带来了更多的喜兴。

在禁宫内，共有畅音阁、长春宫、淑芳斋、金昭玉粹、倦勤斋五个大小戏台，俗称"五戏倦勤"。尽管是守着这闻名遐迩的皇家戏台，但我等却还从未有机会能仔细看看这描金画彩的戏场子，即使得空，也常是忙着罢差后，速归原位。也根本轮不上我等，在锣鼓点儿响那当儿，仔细地观看几眼——成了假正荏儿的"听戏"。但我等还妄想着，兴许有一天，蹭一出大戏睃睃。假若真能这样，这也算是额外对侍卫们的开恩了。能进宫与两宫一起看戏，这曾是文臣武官极向往的事。纵然是当朝天潢贵胄，如亲王、郡王、公主、额附，也视此为隆恩浩荡。我等也是"挨着日头能沾光，近水楼台易得月"，在颐和园比内廷要活泛得多。同守园子护军比，我侍卫自当是高高在上，总会显出与其不同的贵胄地位。即便是当年荣禄借着拜寿机会，从外埠回京述职时，阿玛也曾对他毫不客气，常叫他站远处伺候着。尽管我等早盼着隆恩早现，但我等明白，这也许且轮不上我等呢。

五话　老佛爷赏戏（多尔济）

您还别说，果真就赏赐了我等一出《四郎探母》。突获如此专意的恩典，便将戏情当成真事来看了。戏都谢场了，我等还在回味佘老太君的悲腔惨调，诸侍卫爷们儿，全抹起"芝麻酱"来。很快，侍卫看戏掉泪儿的事，传至皇太后那。也难怪，用老公是干吗的？我等心说，保不齐这回两宫，也许会像当年同治小爷申饬阿玛般口谕："都似娘儿们，毫无阳刚之节。"

为此，李莲英忽然口传慈谕。我等只好低头跪在东宫门内，心说，这戏反正是看完了，就算是"申饬"也无所谓，不过在乘兴中，再加些扫兴罢了。但皇太后的慈谕却道："闻内廷武侍，观戏时入情，皆以泪洗面，足见皆属孝顺之辈，闻之甚感怀，今与皇上皇后、大公主等，特为孝子贤孙们备银百两，以赏其忠孝两全。"

原来是件喜兴事！因我们对大公主始终印象极佳，姑奶奶就是姑奶奶，大方着呢。原来，皇太后看这出戏时也曾悲痛不已，认为我等与她老人家是灵犀心通——是"知遇"。于是，这好事再次传遍京畿旗下。额娘跪地大呼"万岁"后还说，皇太后挂念着所有旗人。

在颐和园当值，我等与老公接触得更多、更乐意、更情愿。而在颐和园——万寿山，便成了老公的天下。院卿、宫监总管，倒成了干活打零的。一遇内廷李总管在此，便能对所有人，也包括内府总管，都是吆东喝西地指使一气。将刚到的小辈儿侍卫，也常当成啊哈用途。其因在于李莲英将我等高高地捧供起来，其道行之大，不是我等同伍能所为，常令我等对他感恩备至。吃喝拉撒，竭尽周到，并由他直接取代侍卫领臣，安排人熬夜巡守，是四个时辰，每晚只会走传双筹。

两宫不在园内时，我等便会在园内的土路上骑马行筹，只增加个马粪兜子。不然从北转到南，得要好几个时辰。老李还专从自己原籍挑来几个大个头的奴才，一个比一个不矮，虽不会什么功夫，但站在那却能很吓唬人。再加上老崔时常排训这些新人，而园外又有护军整天率练军，骑马走巡各汛哨。还将我等原来使的哑巴筹棒，改变成似孩珠儿玩的哗楞棒子，稀里哗啦的，以至于大老远便能听到响动。

甭管是护军还是站汛的，都怵头这声响。

本来是西北荒山郊野，即便有住户，也不过是皇家驿站或旗营，而有这些垫背的啊哈苏拉们受累，我等还不耽误领拿赏银，自是惬意无比。这先要谢老李，尽管禁城内的宫监大总管不是他，但他说是皇太后的管家，园卿与随扈大臣都在听他调遣。只要平安，我等便心甘情愿地捧他。有谁不知道，现在最大的是皇太后。

住在颐和园附近的旗下农夫最落实惠。他们常被请进园中，不是假装做买卖，便是去真采莲蓬河藕抓活鱼。但只限于昆明湖外湖（南湖）随便，而内湖的活物是绝不能动的，要专门安排人来动（我寻思是背着老佛爷来动）。我曾站在文昌阁上，远看着大龙船或太平船划入南湖，见远处农夫忙着摘莲摸藕，渔网片片撒着，真是好一派的江南美景。莲藕是长出来的，但那一尾尾欢蹦乱跳的大小鱼儿，则是养殖的红鲤鱼。而眼前拿渔网比画的渔夫，却是几个老公扮的。

这时，不等燃着藏香的大船靠近，早就有老公划着小叶儿舟，飞快穿过银鳌玉蝀桥洞，借献莲子、白藕及欢蹦乱跳、一拃长的大青虾米给老太后看，还要问"老佛爷看鱼不看？"只要一点头，这边专等送鱼来的小闺女小小子，就要往这儿跑了。

大船是靠不到岸边的，只有再搭接跳板，由小老公来接鱼。但妙的是，只有五六岁、穿红兜兜的童男童女，都争着抱还鱼跑将过来。往往因鱼大抱不动，哪回也有几个跌倒时候，但口里还会喊："佛爷看看鱼——佛爷，鱼——"边往起爬边喊、边喊边抱鱼。这时在老太后那边，嫔妃会发出来和孩珠子般的尖叫声，此时老太后也会乐出朗朗的笑声。满船人都会为乳口小儿呐喊助威。先到的小小子，最后到的小闺女儿，都会得赏银。头一个还大一点儿，而最后是一个小胖墩儿，她抱了半天，因手上沾满的鱼黏儿，再也没抱起掉在地上的鱼。但她憨墩墩的小模样儿，令船上人哈哈大笑。赏其他孩珠儿的全是金裹银的长命锁，还有银裹金的手镯。还有早备好的、极致漂亮的芝麻酥，而孩珠儿的嘴，都会"佛爷，佛爷"的喊个没完没了，最甜和嗓门大点的，照样能得到好吃的果干杂拌儿。

这会儿，我等站在岸边上，听着船上与孩珠儿叽叽喳喳的喊叫，想得最多的，便是自个的孩珠子。离万圣节，虽然还有好几个月，但园内的僧、尼、道、喇嘛，已出出进进多起来。最多还是在京城唱红的角儿们，皆开始在园内露脸儿。虽然老几位不会再看上大戏，但听着那行行色色的唱腔与热闹的锣鼓点儿，即便是在夜间传筹，也觉得不像以前那么枯燥了。

常在乾清门前执事，要比在宁寿宫前的大排子房住的护军舒服得多。而他们只是听喝帮衬的。就像我阿玛说的一样，把文武百官"不是给看没了，就是给看老了，要不即是看得顶戴升了、加了，或是摘了，不是人家把我等看老了，再就我等将别人看殁了"。尽管刚入宫时，我还不知该做什么事。老几位都因我年轻，又是父子辈承人，极受爷儿几个照应与提携，加上我练功夫瓷实狠气，都管我叫"托金子"（小壮士），这是满洲最待见的称呼。

而在护军内做亲军校的二弟多尔奎，就更加吃香，他见到谁都卖小。有几回见着老公照样喊爷，弄得大小老公当是犯了过失，常不知所措地"咚"来了个叩安，谁想二弟也对着跪下。此事层出不尽，将侍卫伯、兄及侍卫大臣、行走等常弄得哭笑不得。便给他起了个说不上雅与俗的绰号——"迷糊蛋儿"，皆还得事事让着他。他虽是身材高大，功夫也一天天的了得。但只有一十五岁。为早叫他当差，我不知跑过善扑营多少次。还好，他先做它西密，又转至銮仪卫，总算凑合了一顶蓝翎。这几年。善扑营渐失了皇家宠顾。醇郡王早夭，恭王归天后，营内薪俸都要开不出来，弄得扑爷们总是怨声载道。

从八月节开始，我等所有人与老公均被命，立即改口开始喊"太后老佛爷"，从此便再也没收过嘴。在祝寿前后，所有入朝文官武将，见面请安都变成"老佛爷吉祥"这句话。我等也是更不敢离嘴儿。连和家人说话时，不经意间也常说出"老佛爷吉祥"来。以招家人哈哈大笑。在香山大营尚吃武师饭的阿玛连道："这好，一好百好。"他从来怕我等张嘴不屑，犯了"口案"。大清国哪代没有因口犯恶坐牢的？起码是丢饭碗或降级品。

六话　两宫终归天（多尔济）

光绪三十四年十月十四日晚亥时许（1908年11月），皇上在瀛台晏驾，翌日酉时，皇太后又在佛照楼薨。尚无陵墓的光绪爷前脚"龙驭宾天"，后脚西太后紧随"西去"，凡是在宫内一干人等，皆是三天两夜不敢合眼，个个熬得二目通红。摄政王载沣颁令："宫内当值者无分何差，一概不得归家探望。"禁城内外到处是草木皆兵。护军及清一色黄马褂亲兵也将佛照楼与瀛台重围起来。西苑内顿时悲声一片……我等都傻了眼。可惜了我皇正是壮年。

西宫出殡那天，在王公百官身后，由李莲英与崔玉贵带头，引领着数百位老公一路哭丧到内城外。直将北京城哭得是漫天雨雪，蘸水的冥活足足烧了一整天……而扎纸匠人还露了一手绝活，将那些穿着制服的警察模样的纸人，全都安了一顶西洋瓶子盖形帽子……纸马也是仿照了西洋马，全是枣红身子白斑点，说是照着"西巡"时的一匹良驹而制作。骑马的抬轿的兵俑，打幡执盖的銮仪郎卫应有尽有，足近两千纸人，以一抵十后，堪称"数万"。

当年的七月十五中元节时，各个寺庙都大放其生，内廷提前照"送三"原样，又补烧了一份冥活。其中增加了谁也意想不到的十只贴糊的大"铜海"，自然，但凡看见的人，都会心知肚明。一看刷的样子是花里胡哨的，就会想起来，八国联军的洋兵，玩命地用刀咔哧"金海"的样子。看起来，这也许是老太后还记着这茬儿呢。

待等我回过头看时，我旗人的糟日子，也许就要开始了。

联军走后，我是头一个在侍卫中带头携酒去祭拜恩海的。自他殉国后，德联军并未将他的脑袋挂老长时间，便取走带给欧罗巴的德皇了。其家人也不敢出面收尸，倒是被几个教民雇人拉到了永外掩埋。在那块偏僻的地方，没几日便又立出一块木板子，上书：大将军恩海。这个满洲英雄，能在联军杀他之前，泰然自若，就像是平常对弈布库戏法赢时一样。所以当地的农夫，又悄悄地把牌子藏了起来，不到清明等三节不插牌位。那一天，在白米斜街处，不知是谁，将几个空坛，放在当街，没一晚晌，酒被旗人你一碗我一杯的，全装得满满当当。这时候没人说话，没人打招呼。只是都围成一圈，点着冥币轻声念叨：喝酒吧——冥币于火光中飞舞。

恩海是旗人的豪杰。要说起恩海被杀头，我旗人自有释说，慢慢都将罪过归于了当朝。若不是当朝言战，谁敢随意杀死西洋公使？他算是有那胆子，也是出于无奈。有旗人说，恩海身为神机营霆字的佐领，而"霆"字，即是一个招风顶雷冒雨不吉不利之字嘛。该着是自个倒霉不说，也害得大清国跟着落难，还得到德、日等几国去"赔罪"，还得给洋人建一个牌坊。其实，我等年轻这辈儿却认为，若朝中多几个恩海这样的宁折不弯的爷儿们多好，他八国才多少人呢？

而在恩海击毙克林德之前，头几日在德国公使馆门前路过的演操拳民，曾被公使馆内德兵乱枪击毙多人，这在九门内，实属罕见。本来恩海就憋着气呢，其中就有他的拳民兄弟，而拳民已奉旨，便不再是百姓。明明是德公使与大清国叫板，所以在克林德路过，马轿被拦检查时根本不停，恩海自是警惕万分。他鸣枪示警后，立时从马轿里喷射出团火球！旗兵是一人倒地。当旗兵们四散避开时，恩海一长一短的双件家什，二踢子似的接连两铳。联军因此而污蔑我朝杀害公使，其实是欺人太甚啊。

万国联军陷京，九门守兵战殁最多；活着的，多逃出京城。但恩海卷在和联军巷战的溃伍内，躲至西海的棍贝子府，本能躲过此劫。联军烧杀多日后，到处张贴捕拿恩海的告示——若捉不到恩海，绝不会停止随意杀戮，"和谈"也就永无时日。

联军捕拿恩海时，若在谁家里发现任何铁器，也必杀一个人，作为惩戒。杀人时还要使用他们认为是凶器的，如镰刀、铁棒、铁耙、菜刀及长矛刀剑铁通条等，包括女辈用的剪子、锥子、裁刀……而在京师，几处被唤作铁匠营的街巷，联军则不问男女老幼，全用连珠炮杀殁。是因这里铸造的刀剑，过于锋利，都会杀死洋兵。联军认为，杀人复仇是理所应当，也包括杀死做铁器的铁匠与木匠，说他们是"始作俑者"。

因东安门外灯市口一带旗民，曾协助多尔奎那支守城溃伍重创联军余部，后来，这里几乎家家都被联军灭门。而联军拍拍屁股走后，我朝将此处重建房屋，再次做了估价后，以高价转卖给外城商家。从此后，这里反倒成了寸金寸土的闹市。这便是东安门外。而这里便是当时悬挂恩海脑袋的地方。后还"敕建"了祭祀克林德的汉白玉牌楼，有旗兵昼日看守。

七话　慈禧与德龄（多尔济）

庚子之噩梦将醒时分，我仍回到了内廷。

但在颐和园的执事中，悄悄地发觉，皇太后的周围，渐渐开始有了西洋女客。这也将驻法公使裕庚的俩姑奶奶，德、容二龄算在里面。而在园子殿堂中，加开了一个最新鲜的内容——跳洋舞的地方。咱说这洋女人，也将"二龄"放在里头，因她俩的确算洋人。即便他阿玛属我朝，但她俩的语言行动坐卧，早变成了西方模式。而平日里置放在桌子下面的碗筷等，件件都变成了洋餐使用的洋酒杯、洋餐盘、洋勺、洋铁叉等，就连点的蜡烛，也见到了西洋图案。更甮说老公使的洋铁桶、洋脸盆、洋镜子、洋脸巾、洋胰子等洋物件是越来越多。特别是靠河岸船坞那一盏洋灯，最是闪亮着洋气息。

"二龄"她俩第一次进园子时，而还没等皇太后下轿，她俩根本不懂什么礼仪就要挤过去搀扶。那哪能叫她俩过去呢？于是，这一拦不要紧，小个的先急了，伸手就拨拉我。待皇太后对她们笑时，那小个子龄还在那瞪我。姐儿俩一口气滴里咕噜的洋话。意思是，一个做解释，一个闹脾气。其实，别说您是个总陪起儿的外人，大公主怎么样？人家搀扶太后，先得说话。比如："我得和您说句话。"这不就过去了吗？生劲儿地冲锋似的，能过得了我们这关？

西苑的仪鸾殿被烧了个透实，禁城也成了"荒宫"，于是，皇太后只好先来颐和园歇息。

皇太后从西安一回来，变了一个人，整天都在忙忙碌碌地接见洋公使夫人。时常是刚歇一会儿，就会从东宫门报上信儿来，谁谁又来了。她卧榻之处，也多出了许多个洋玩意儿。而她的头套是左一个右一个的，都是现成的。她精神头儿大了许多。都说是往西边去身子骨硬朗了，这倒是没错。而且好多次都是自己穿着"高桩"就溜达了出来，然后便会有一堆伺候的紧追上去。这时要坐"软舆"，因为脚下的高桩靰鞡她踩不了多一会儿。假若穿上了鞜靰鞡，那就不会有软舆追去，而就变成了八人抬着的銮轿了。若去西堤，或是去南天门，那可就不是跟着一套人马了。就要几十个小老公。墙外面的护军，是总听着梆子，或走或停。

这会从远处看，倒是浩荡荡的，像是衙门的官出巡了。但在颐和园园子里，从不打锣镲，只是带着几对脆生生的"木鱼"，而在前面早就有木鱼在响了。要不叫老佛爷呢，老人家信天不假，信佛也是真。而在这一住就是两三年。直到佛照楼那半中半西的阁楼子，有了样子为止。还先得叫一班子护军去"捂寓"，而"捂寓"是满洲老人的习惯，怕屋里有个什么不合适的东西什么的。好"傻小子睡凉炕"把不干净的东西赶走才好。

"二龄"刚来时，还进来了一班子会拉风琴的洋吹鼓手，一时是鼓乐齐鸣。但没多久就将他们都送到了庆王府，说是有事再叫他们。而依我等看，倒是因嫔妃与小老公们，都过于撒了欢儿，才导致了这个结果。

也许是护军参领在新仪鸾殿那住上了瘾，时不时总跑过来说说，不是这边还没干，就是那面下完雨后又返潮了。直到那十二属相的铜物件喷了水后，皇太后才来了第一趟。起的名字仍叫仪鸾殿，但没几天又改叫了海晏堂。说是取"博大、宽广，隆恩万国"之意。而绘图的倒是德国公使派来的人。西苑内也几乎完全西化，还真叫我等渐渐淡忘了被毁于火的老仪鸾殿。从此，皇太后就极少回禁内过夜。

等到三十儿年初时，才听侍兄们说，德龄去上海看他阿玛去了。我们心里明白，这要在过去，凡在太后身边陪伴较长的女流，想出宫一趟，那可是做梦呢。而随着来皇宫的西洋人增多，洋学堂、洋买办、洋报纸、洋武堂，挂"洋"字的物事在我们眼里多了起来。洋人在京城内更加吃香起来。我们接送的洋人更多了起来。

三十四年末德宗殁后，改宣统元年，载沣即成为大清国最年轻的王爷——监国摄政王。但当他将起袖子，就在箭亭那将几个不认识他的技勇老公干脆利落地摔趴下后，倒使我们都刮目相看。他倒说他熟悉我。其实，熟悉我的人不在少数，而我是唯一兄弟俩，同在大内为侍的旗人。

他一上任，先是将黄马褂发得一塌糊涂。因只有这几个门户的笔帖式，才最有权接人待客。特别是薪俸越发越少，关饷十余两银，即算打发。杂事反倒是越来越多。只有我们几个少数人，还在舞刀弄棒。而其他人大都趸银两开当铺、做钱庄玩假古董的，庚子以后，人好像真都想开，去挣钱最快的地方开烟馆子。于是皆奔了外城去捞银子。

回家与老阿玛提起这位监国摄政的少王爷载沣来，只将老爷子聊得眼泪巴兮的，他道："细琢磨起来，载沣还是在大约光绪二十五年的冬至以后，听宣进得内廷来见起儿的，那会儿实是个孩子。之前的李莲英，领多名老公，早早就到神武门去迎他。对一个亲王，内廷多少年来还没给谁这么大的礼遇。"

八话　溥仪遇大婚（多尔奎）

一眨眼便是辛亥巨变，溥仪禅位。

我阿哥多尔济开始特立独行了。他多年只是盼着逊帝哪天再起东山。

过去，大清国总是怕百姓知道的过多，而民国反倒使四方人都知道了杂乱。而老百姓从来是上头说什么，下面就说什么，绝不能胡说，若有人告发，是要杀头问罪的。在被迫退离的侍卫群中，除多年的老伙计之间能随便嬉闹瞎扯，但一见生人，就得马上正经起来。好就好在，男爷们儿比的是角力，是身上的功夫和本事，光有谁谁，戳着做靠山，行不通，也长不了，就算是做了官，名声还是最为重要。

但不管怎么说，咱祖祖辈辈的大清国，是说没就没了。虽是想盼它还回来，那也只是苦苦地去盼了。

家中现在已成了"执事"的地方了。除了我与三弟多尔增还在紫禁城混饭吃之外，别人都闲了。而闲人聊起的话就多。尽管不常去或根本就不沾松公府，但还是躲不开这象征我富察家世代恩宠的松公府。这公府曾是我富察家族受世代曾隆恩一再荣光的象征与见证。

老阿玛说最早叫过"忠公府""爵王府""额王府"等，最后才被叫成松公府。原本代表我家族最大的念想。虽历经百余年，再有便是自嘉庆爷问罪和珅以来，连富察家的王公诸卿，也无一不受到牵连。好就好在当年乾隆爷有远见。既在东华门内赐第富察勋族，又在府中御赐碑匾、恭建祠堂，好歹为富察氏族留了一条后路。所以我老富察家，绝不敢挑剔嘉庆爷的法不容情。但后来的富察族人，也从未出现过一个佞臣奸宦。多为忠君爱国，不失为愚忠报国，千古一姓。

宣统十三年底，逊帝要大婚。

我阿兄多尔济此时与我们开始分道扬镳了。虽压根儿并不想回到小朝廷做什么官，但这次可倒好，死活喊着非要叫我富察本支，与京城旗人一样，不分老少的，能动弹的全部出动，先说是叫别人看看旗人的抱团儿，又说，这也许是"退位让贤"后最吉利的象征。既然是吉利喜兴的事，全家人倒是也不敢怠慢。但当我老阿玛一见到松公府的松椿，脸上没了丁点儿的笑模样。

而在宣统大婚前后，京城内所有的民国军队与警察。倒成了宣统逊帝的"亲军"，这使得阿兄多尔济，无不兴奋起来。

而松椿是最忙碌又张罗的大"名人"了，请玛法、阿玛与多尔济的大帖子，分别送到几个住处。这也致使京城的旗人都兴奋不已，都说，这到底是自咱满洲皇上的大喜事！

而为了宣统的大婚，咱家这位松椿倒是鞍前马后进出紫禁城，又接皇后，又接皇妃的。甚至紧着张罗拉着多尔济，在宣统那非露上一面不可。尽管松椿身子骨早就因富态（胖）走起路来喘大气，但他是一点也不敢怠慢，终于坚持到最后的典礼完结后退朝，甚至竟将宣统帝的晚宴也差点儿推辞掉。等请来的照相师给他们照完合影后，便急匆匆拉着多尔济一起乘轿赶回了松公府。

九话　"帝婚"与"家宴"（多尔奎）

　　而松公府内还要替宣统大宴富察家的所有人，他认为，还是回到自己家里随意得多。

　　于是，松府内的对所有空与不空的房子，早经过了经意的准备。人来人往的，到处都他是请来的大馆堂的厨子与跑堂的，还特意摆出禁内的"五局"阵势。来的不仅有民国的几个要员及北京警署的总监，甚至还有几个北府的几个老公头领。

　　经过一阵的寒暄谦让与客气后，开始在"铜安殿"内，代表宣统"皇帝"用新词儿作为开场，说此次大婚是"共和与旗人的同喜之日"。等他见完了那些贵客之后，总算走到了富察家这边。

　　他感慨又叹息的，将我老玛法与阿玛等老辈儿人，给弄得眼泪婆娑的。举杯祝长者长寿百岁，还说将来的旗人，是一样可以有时机发达、发福、发迹的，尤其是我们的富察一族。他最后落座时还说，今天也是富察家族的盛会。要不是宣统皇帝的盛事，哪有此机会请来在京城内的富察族人？还是我满洲旗人有福气。他高举高足的洋酒杯，一个劲儿说，请大家喝一次"富察氏祭祖酒"。说今天是"帝婚"与"聚会"的好日子，算是双喜临门……

　　谁也没想到的是，"松公"是唾沫星子喷了半天后，我那个倔阿哥多尔济站起来，当时就回了他一句："都来您府上祭祖，你不是想做大家的祖宗吧——"

　　于是，这位小朝廷的"御前大臣"，立时被多尔济的这句话，死死地钉在了原地，张口结舌地说不出话来。

　　阿玛也说，松椿更惧怕富察家人，不只因为他一直都是嫌贫爱富，其实，他坐根儿就不是个正根的松公府传人。他见大家不再听他说了，也只好坐下来，接着让大家喝酒吃菜。而多尔济早不知何时候，跑到另一桌去喝大酒了，那里全是他那一派的"武把子"。

阿玛没冤枉他。号称自己是最称职的松公府主人——松椿，不仅不是我富察家正宗嫡后，他是过继承袭了松公府的香火，而且还是一再"过嗣"。当然他承袭的也有世代勋业。但松椿的福晋却是还远近闻名的"恶婆"，因为有她，致使这一辈辈富察家人，都敬而远之，甚至是谁也不想沾他们。因为那位"世嫂"是个油盐不进的女流，她直到现在还在摆二品诰命妇人的谱儿。而据说逊帝再赐了她二品"诰贵"。

松椿是过继子嗣，而老天爷又极不成全他，一再只生佳丽千金，结果他仍然无后，终无一个男儿。

光绪末年，松椿迎娶醇亲王奕譞之女三郡主。三女出嫁时，只有一十五岁。皇室本是高抬松公府门当，在醇亲王正值闹胃口疼的时候，约是在光绪十几年上，为了给醇亲王"喜冲祸灾"，便在病重的时候，屈身嫁女而遂开了"郡主下嫁"的先河。嫁至公府，却照称郡主，而不许叫福晋。这可是当时的西宫皇太后出口而定。

这时候松椿说，宣统很是知足，更是欣慰无比。说我富察一族，如此地齐心祝其大婚并攒礼孝敬，这是对"皇上"的拥戴与效忠，就如同当年圣祖康熙爷打算削平三藩时，只有富察家人拥戴皇上。他说听了逊帝这说法，当时竟吃了一惊。逊帝还说，他最信奉富察高祖的傅恒及"富察四安"。

当时在逊帝身边，松椿自是得意得很，他觉得他代表的是整个富察家族。而真正给多尔济消息的，却是仍在神武门前为侍的我——多尔奎。每日只站两个时辰，便可歇在值庐内，我仍挂着"乾清门侍卫"的牌子。虽只比别人多几块大洋，但别人还是羡慕我。

此时的松椿也算是小朝廷中八大"御封"高官中一个，而同授予世袭罔替。那一块御前侍卫大臣的金牌子，远胜过了我阿哥多尔济的。但松椿说，多尔济是国之栋梁，现在只设了虚职，大员都是只拿一半的"皇俸"。而我突然发现，松椿穿的补服上，已并非是公爵吉服，却是郡王的团龙补子。不知道这东西是不是宣统"皇上"恩赐。

酒宴是喝完了，姓不姓富察的也都得要各奔他乡了。最远的还住在西山里的斋堂。

十话　宣统与布库（多尔奎）

宣统还是记住了身强高技的"武把子""旗人多济"。因"旗人多济"身上有他幼时的梦想。宣统曾寻思着，在禁城内建个善扑营样的院子。而一旦他闲闷了，总会将我们几个喜欢踢几脚的侍卫或老公，叫到一起，再铺上几块厚棕垫子，并找人敲锣打鼓助兴，仔细看我们比画几下。

而那个洋帝师，总会噘着嘴站在远处看热闹。我们都认为他不会笑，因他总板着脸。于是我们在背后便叫他"二百吊"。都说他连走路都教给了皇上。洋帝师不仅给紫禁城带来了说不尽的洋气儿，还给皇上带来了数不清的"洋马褂""洋靴鞋"和留着大小长短胡髯的"洋诗人""洋文人"。而东交民巷的洋铺子，还时不时送来数不清的"洋货"。

而当他第一次剪下辫子时，叫我们吓了一大跳。暗里说他是看了太多的西洋书卷，那里有太多对我朝辫子的挖讽图画。没办法，那就都跟着铰吧。一回家把全家人吓了一跳。但令我没想到的是，额娘先是乐了，"听皇上的也就是了。"阿玛虽还鼓着嘴，但得知是宣统带头，便不吭声了。那时是留不留辫子，随自己便。既是没了巡捕房的巡仪马队，警察可早就没辫子了。随意是北京城的时髦，就是干什么也没人管。

宣统在宫中是爱动的，一刻也不曾时闲，他除去玩那些西洋的网球等球之外，每日晨则一定要练习八卦，他说这正是学的是光绪爷。而当他听说老公们也常练习八卦时，便叫来了教太极的师傅，当八极拳正风风火火地来到京城时，他同样请了几位拳师来此展练。

但当有一次，宣统穿上了一套民国政府送来的军服时，倒是吓了我们一跳。特别是他拔刀那姿势，像是要杀谁似的。他叫我拔出刀来，非说要比比哪一把刀算是快的，而除了洋刀长一些，的确也看出来，钢口就是硬实，而且还要更轻便。他左砍右挥地，吓得老公们一哄而散，谁也不敢再接近他……而洋铺子送来的"洋石猴"（哑铃），他倒是挑拣了几副，但没玩多久就全赏了老公们。而眼见得他的西装与皮靰鞡，倒是渐渐多了起来……

有一回，他突然来了兴致，说要看看到底谁是布库高手，就非叫老公与我们几个老侍卫一决雌雄，还叫来不少的人评说。当我们几个在棕垫子上，正比画得较劲时，宣统突然说道："乾隆爷是个马上的皇帝。"而当他尊贵的皇后问他"马上皇帝"是什么样时，他突然站起来，眉飞色舞地大声说，"马上的皇帝"不仅可得天下，而且还能呼风唤雨呢……